兩岸一本正經(2)

歷史會給答案

劉益宏 —— 著

目錄

共同見證中華民族的復興

生長在我這一世代，其實是幸福而難得的。沒有國共內戰，我們如何比較兩岸三地的走向和發展？

台灣由威權走向民主，最後百病叢生，讓我們看出威權和民主的利弊得失，思考兩者之間的發展前途，是否都將走向盡頭。

我成長於沒有鞋子穿的年代，其後才知道有鞋穿的幸福。人的權益是爭取來的，不思改善只圖享受，是不負責的行為。電視不是一開始就掛在客廳的牆上，和平也不是未經戰火洗禮，就自然擁有。

科技的發展無窮無盡，但已經有人提出科技之害的反思，而寧願回歸原始。地球經得起人類如此破壞嗎？

很多事必須思考，智慧的機器人以後會取代人工嗎？是國家的群體強盛重要，還是個人的權益保障優先？說的人各有道理，但不能任憑無休止的爭執，總該做出抉擇。

什麼是普世價值？人民又是什麼概念？你能代表我嗎？政客名嘴每天把普世價值和民眾要求，掛在嘴上，喃喃有詞，好像他們是代言人。但我想請問那些大言不慚者，你真的能代表誰？在民調流行的直接民權時代，民意又像流水，昨是今非，間接民權機構的存在理論為何？

很多人認為以子之矛攻子之盾，矛盾現象不說自明，社會也因正反合的矛盾律而進步，但真實情況是否如此？為什麼以天下無堅不摧之矛，攻擊天下無堅不禦之盾，非要經過正反合的過程，才能使社會進步；不能一開始就把矛和盾置於一人之手，讓他一手執矛，一手執盾，而自強強人嗎？

我經常思考並閱讀各種不同主張的評論，也看見不同意見的學者專家，在公共論壇上夸夸其言。但愈看愈糊塗，愈思索愈迷惘。

現在的我已經學會把一切所知者拋開，一旦胸無罣礙，反

而如釋重負，脫胎換骨。

我的看法是，對人對事可以懂，也可以不懂，但不能不懂裝懂。別人怎麼說是別人的事，重要的是自己的見解如何。現在很多名嘴政客，常把自己當成真理，非要別人照著他們的意見處置，否則就加以威脅，施予批判，並進行報復。他們自認世界應照著他們的意願運行，真是膚淺。

人生在世，很多人不是逐名，就是追利，但總有不追逐名利者，因此要學會尊重他人。有人認為莊周夢蝶，也有人認為蝶夢莊周。

我從擴大視野之後，就主張台灣必須由中國走向世界，不能由世界走向中國。因為台灣一旦離開中國，什麼都是鏡花水月，不管怎麼走，最後都此路不通。

台灣和中國必須互相幫助，融為一體，才能自助助人。兩岸如果不能站在同一隊伍，望向同一方向，不但無法將前

途美景盡收眼底，最後一定帶來不測之禍。

本書的道理很簡單，認同中華民族的偉大復興，是全體中國人的責任，違反者必須依法處罰，出力者應授予獎賞和榮典。

中國人的世紀已經降臨，雖然其中難免顛沛或停頓 ，但那只是一時現象，很容易就發覺走了歧途，而加以克服。任何人對此都不可見縫插針，任何人因此都應該給予祝福。

亂象終歸雲散　世界將步上坦途

書名數易其稿，最後訂為《兩岸一本正經 2 —— 歷史會給答案》。有關中國和全體華人的問題，以後再說。

兩岸問題竟然分成兩本出書，因為兩本書所探討的主題雷同，都發生在獨派勢力借中華民國之殼成功之後。

消滅中華民國並打垮中國國民黨，本來就是綠色執政的品質保證，不料成功執政後，卻發覺美日陣營各有盤算。大陸強國崛起不容忽視，國民黨和共產黨已經化敵為友，而且堅守祖宗遺產，反對台灣獨立的目標相同。

泛綠陣營自認只要站在自由民主的一方，不怕國民黨捲土重來，因為再本土化的政黨，都不如本土產生的民進黨。

但民進黨卻怕紅色的共產黨，因為那是大陸人民和歷史任務所託付的統一力量，沒有人可以違抗。

統一是正道，獨立是逆流，愈早統一對台灣維持現狀愈

好。我苦口婆心地剖析一國兩制的真諦，倡導傾中愛台論，道理在此。

《兩岸一本正經 2》完稿時，我已經對下一本書的採訪主題做了思考和歸納。希望重新檢視學者專家觀點，走訪當年赴大陸採訪的舊地，作出資深記者的獨立判斷，公諸於世。當江郎才盡時，也是我告老還鄉日。

這段閉關期間，我因思索而獲益良多。英國脫歐了，華航罷工了，但是又如何？世界不是都在亂嗎？我們不是只有一個地球嗎？退此一步即無死所，正能量一定會強過負能量，因為生命自會尋找出路。

我對人類是有信心的，尤其是華人。五千年來，中華民族只有融合，未曾滅種。因為他們擁有堅忍不拔，有機會就想振翅高飛，外人看得見卻說不出的中國智慧。

導讀一

（一）記者自負文責　提出自己觀念

國民黨的政策會執行長蔡正元是我的朋友，我當然會幫他，他也會幫我。

蔡正元在他的臉書和微博都轉貼了我的一篇文章。文中主張中華民國和中華人民共和國實際上是兩國，而非一國；因此中華人民共和國必須消滅中華民國之後，才會真正成為一國。

這種論調一出，很多人都罵蔡正元，要洪秀柱管管大黨鞭，問國民黨還要不要選票，想不想東山再起？於是蔡正元幫我解釋，認為我在做反諷文章，並問「劉益宏在台灣豈能沒有言論自由？」

我感謝蔡正元的好意，但他沒有權利幫我解釋。劉益宏根本不是在反諷，而是為文主張，將台灣統一於大陸之下，正是共產黨不可推卸的歷史任務。傾中不是害台；相反地，傾中正是愛台的表現。

讀者從我的文章中，就可以看出我「傾中愛台論」的所有依據。那不是隨便說說的，是經過深思熟慮後所下的結論。

我主張兩岸統一，是從馬英九「一中各表」的「不統、不獨、不武」演化而來，有其邏輯思維和歷史演變。把文章看懂了，道理也就清楚了。不懂者必須一看再看。可以不同意我的意見，不能不清楚我的想法。

劉益宏的文章蔡正元轉貼，泛綠陣營居然只敢罵蔡正元，劉益宏卻不見了。

同樣情況發生在四年多前，我在電視上痛罵李敖不該選立委，何況揚言必要時將參選總統。我公開挑戰，李敖選立委絕不是賴士葆的對手，不信可以打賭試試。

當年的李敖惡名在外，很多人都怕他，稱他大師而不名，只有我叫他小丑。名政論家唐湘龍當時和我同台，他大概認識李敖，但又和我交稱莫逆，趕快中斷我的現場談話，

説我中午可能喝多了，口不擇言，希望李大師不要放在心上。湘龍沒想到我不但不領情，還表示沒喝酒，腦筋非常清醒，又把李敖再罵一頓，希望他趕快提告。

我真的不怕李敖，也希望他能告我，湘龍怎麼可以充當和事佬，壞了我的好事？有人因而讚美我，説他眼中的李敖就是個神，我居然敢罵他心目中的神，簡直就是「神蹟」。

我向李敖嗆聲，打破只有李敖告人和罵人的神話。他氣血已衰，文章已老，審時度勢完全脫離現實。他在台北市長柯文哲當選之初，公開説柯文哲一上任就應該和宋楚瑜搭配參選正副總統。因為柯文哲是全國人氣最高的人，宋楚瑜必須忍讓，當他的副手。一旦柯宋配成形，奪得正副總統大位如探囊取物。

這是什麼選情分析？又是什麼大師之言？後來的事實是柯文哲根本不敢出戰，宋楚瑜參選落敗，蔡英文順利當選，成為首任女總統。一切早在我預料之中，神蹟真的應驗，而神話只是烏龍。

我為了避免蔡正元和國民黨因為我揹黑鍋，在「閉關」寫書期間，特別發表聲明，表示要求大陸統一台灣是我一貫的主張，但一樣沒有人敢公開回應，我只能徒呼負負！

依現有的《有線廣播電視法》第六十二條規定，播出之節目評論涉及他人或機關團體，致戕害其權益時，被評論者如要求給予相當答辯之機會，不得拒絕。

我當然熟悉法令，知道如何維護自己的權益。要找我很簡單，只要在電視上說劉益宏的主張傾中賣台，就會有人通知我出面，和批評的不肖媒體及政客們面對面，大家辯個你死我活，豈不直接痛快？

因此不要繞開法令，躲避和我見面，只找蔡正元和國民黨開罵。當然蔡正元不是軟柿子，沒那麼好欺侮，但他必須顧慮黨的立場，不能暢所欲言。

我則不同，身為無冕王，見官大三級，沒有不可批評的人和事。我知道法令規則，更不是法匠出身，豈有畏懼之

理？因此，讓我出場吧，我每天都在等著批判的人出現，讓我一展身手呢！

（二）台灣不肖媒體政客的臉譜

在台灣，我是少數中的少數，卻是先知中的先知。

先知與否，可以驗證，不能自吹自擂。以前我說洪秀柱應該傳播「統」的思想，在參選總統過程中光榮落選，就已經完成任務。後來我說她會被撤換，由朱立倫取代，並帶職參選。朱立倫換柱成功後，涉及的搓圓仔湯案，會獲不起訴處分。所有預判事項，都在事後應驗。

當連戰去年參加九三大閱兵時，國民黨有意祭出黨紀予以處分，我為他喊冤，救了連戰大兵。

我去年就說今年民進黨和蔡英文將大勝，但蔡英文會後悔當選。蔡總統和林全內閣，只能跟在馬前總統和國民黨後

面，亦步亦趨。他們所用的人，大部分已經被陳水扁和馬英九用過，不但沒有亮點，還一代不如一代。這些都正確無誤。

台灣的不肖名嘴和政客，是最無情的禿鷹。為了拿錢和出名，只死道友，不死貧道。和他們交往不能付出真情，因為自私嗜血的人，不能當朋友。

現在的媒體人不可信賴，只知道三分，卻說了十分，七分都在臆測和灌水。誰會把真相告訴不被信任的媒體人，落下話柄而被出賣？倒是想藉他們之口，傳播不實消息的人很多。

媒體成了謠言傳播中心，只求快而不求正確，是閱聽大眾的悲哀，而法律竟無可奈何！同一事實，評論互異，民眾無所適從。連今日的新聞都不知真相為何了，何況是昔日的歷史。

自媒體時代產生了很多亂象，有所謂公民記者、獨立記者

等新興名稱。在我這老記者看來，不但都在胡鬧，而且將成為公害。

不是沒有好的媒體人，但實在太少了。大家都在追求收視率，都要求互動，靠點讚衝流量，難免走火入魔。

正確新聞當然有必要，且能導正觀念，移風易俗，必須由優秀的記者組成團隊來完成。但好記者要有高薪供養，才能全力衝刺，沒有後顧之憂。誰來做這種燒錢的事？是國家？財團？或公益團體？

大眾媒體和優秀記者正在逐漸滅亡，必須加以拯救，如同保護即將消失的稀有動物和優良品種。

（三）我為何不到大陸開微博

有大陸朋友問我，為什麼不到大陸當公知（名嘴）或開微博，以我的條件到哪裡都是優秀的媒體人，微博按讚者往

往從十萬人起跳。

大陸朋友的好意我心領了，但我還是不想開設微博帳號。因為一旦粉絲太多，根本無法互動；而互動可看出動向，不同意見刺激作者思考，可收相互成長之效。我喜歡互動，卻擔心費時，乾脆拒絕微博，只留臉書。

去年進入網路世界之後，發現網路什麼人都有，必須有判別之明，以免人財兩失。

網路是虛擬世界，實體世界的巨人，往往是網路世界的侏儒。很多人躲在網路後面稱孤道寡，但面對陽光卻不堪一擊。

要用網路之長，不要被網路所騙。很多人在現實世界都不了解自己了，何況網路是可以化名，又可以合成的虛擬世界。誰知道躲藏在網路幽暗社會中的是人是鬼？是真情還是假意？

朋友可藉網路迅速聯繫，但由網路找朋友卻弊大於利，當然應該小心。善泳者溺於水，一旦上網成癡成癮，那就慘了！

我認為針對網路的虛擬世界，必須訂定法則，很多實體世界的法律規範，如洩密，如誹謗等，都必須重寫，才能趕上時代，將小人繩之以法。

不過要正面看待網路和其間的科技發展，把正能量傳播出去。依附網路者，一定有必須制衡的負能量。就像有白道就有黑道，有太陽就有月亮，有陽就有陰，在零與一之間相生相剋。但一陽破九陰，正能量不可輸給負能量。

孔子門下不過三千，成名者七十二人，我現有的五千網友足矣，何必另尋出處？和知心者談天，為興趣寫書，微博於我何有哉？網路於我何有哉？

（四）不了解作者其人　理應拒看其文

要看我的文章，不能受我的影響，否則會喪失自己的風格。

我的書可買可不買，我的文章可看可不看。

要影印、要分享、要貼文，要把我的話當成自己的，一切隨意。我既不追究，又事先概括授權，文責由我完全負責，天下有比這更好的事嗎？

自古文章一大抄，網路世界尤其如此。轉來轉去，最後不知道原著出自何處。

不過要經過消化，化他人見解為自己之物，才能自圓其說，才是一家之言。

不了解劉益宏其人，就不要看他的文章。因為既扭曲了他，又委屈了自己，何必呢？

要對付不肖的名嘴政客，必須知識豐富，身段靈活，才能讓他們敬畏而收斂。余豈好辯哉？余不得已也！

政府不宜打壓媒體，只好媒體自己揭發，才能發揮制衡的內控力量。外控則應由讀者和法律，一起共襄盛舉。

不是說國家興亡匹夫有責嗎？國家不是我一個人的，大家都有責任，都必須挺身而出。不能看著他人提刀行兇四處殺人，自己則遇難走避，能躲則躲。請問當時見義勇為之士而今安在？為什麼你不能為天下先？

現在太多人不問世事，看影劇的看影劇，說靈異的說靈異。名女星的乳溝和走光照，永遠強過誰當選了領導人。不過乳溝走光有影響力嗎？領導人的出線，關係著多少人的命運？選錯了領導者，受害的是所有民眾，豈可等閒視之。

太多人需要被領導了。不過民可使由之，不可使知之。因為要讓全民都知情並支持，太花時間。記者並不包括在此

所謂全民之列，我認為記者平時就應盡心盡力地盯著施政者，作全民的耳目。必須適時發出警訊，才能去腐生新。

好記者要跑在政府前面，為民眾代言，無所求也無所懼。正義感不能打折。有良知的媒體人，必須有知識分子的氣節，知所進退。這些都需要社會的了解，給鬥士應有的支援。

導讀二

（一）求真求實是媒體人的義務

對共產黨，我比較少寫，因為我目前在共黨高層沒有布線，對共黨理論也所知有限。

記者必須先求真再求其他，對本身不懂的事要如何描述？怎麼評論？

想起年輕時，大家都在關切鄧小平的生死，小鄧在世界新聞中死了不知多少次，其中只有一次是真的，其他都是烏龍。

那些搞烏龍的記者，難道沒有名氣嗎？難道少不更事或有心弄錯嗎？正好相反，他們都想搶獨家消息，在新聞圈奠定地位。因為鄧小平之死，是意料中事，早死晚死而已。記者搶快只在分秒之間，卻是世界獨家，光彩而刺激，不料因快而出錯，以致灰頭土臉。

我託朋友從大陸買來共產黨簡體字的宣導書籍原本，新華

社店員見他一買這麼多，偷偷問他是不是黨員，因為除了共產黨的黨員之外，誰會去看這種書？店員決想不到這些書是台灣記者要看的。

想了解共產黨和習近平，如果淺嚐即止，不能進入其內心世界。我在台灣拚命看書，希望更能深入了解，否則憑什麼當讀者耳目？和其他不肖名嘴政客道聽塗說，有什麼不同？

我在此宣布，不要把我加入任何政黨和社團，不要拜託我站台助講，更不要請我向誰說讚，我將不論親疏一律拒絕。因為我必須保持超然身分，不能本身成為主角，趁機斂財，否則和原則相背，有違記者的公信力。

我視記者為高尚職務，維護言論自由不遺餘力，但反對沒有法治的民主。由於愛之深而責之切，必須自己作為範例。懶人要變成標竿，除了自我要求之外，我想不出其他方式。

（二）在不疑處有疑　評論才能公正

六四事件發生前，我在大陸的電視上就看見螢光幕中的王丹、柴玲、吾爾開希等人。多年後在台灣和吾爾開希同台，我感慨萬千，因為歲月催人老，這些人的英姿不見了。

當年柴玲逃出大陸時，中國時報的香港特派員江素惠由香港趕回台北，坐在我旁邊發稿。余紀忠先生為了她此一全球獨家新聞，數度現身編輯部，並頻頻頷首。

當時香港聲援六四事件不遺餘力，全球也都譴責北京，都制裁中國。我有同事姜鎮邦奉派搭機到北京駐點時，是機上的唯一乘客，幾十名機組人員只服務他一人，比專機還神氣。

中國時報記者徐宗懋在天安門採訪時，嘴巴一張就被一顆子彈打中而住院，成了獨家受傷的記者。我則在六四前夕才由大陸返回台北，因此最近看見有所謂資深記者，或六四受害的民運人士，在電視上散播不實消息，竟自稱是

在談真相而話當年，不禁啞然失笑。我想問那些大言不慚者，他們說的難道不是聽來的？瞎子摸象，也說他們摸的才是真相。

現在的香港，真的人人都恐懼回歸中國？都希望再給英國統治？或乾脆由香港獨立自主？

更別說銅鑼灣事件了，創立銅鑼灣書店的人，究竟被冤枉，被失蹤，還是為牟利而犯法，當賊喊抓賊？

就像周子瑜事件發生時，大家一味充滿台獨情緒，認為九二共識完全破功，我卻站在理性角度發言，希望大家釐清事情來龍去脈再說。記者不可以挑動民族情緒，進行族群動員，必須冷靜自制，才能伸張正義。

我跑「江南命案」時，和竹聯幫的陳啟禮、張安樂等要角建立了交情，因此常想，當年的國民黨被說得如此獨裁可惡，都可以毫不避諱地派竹聯分子到美國，把號稱三面間諜的作家劉宜良給「江南」了。今日的共產黨既然比當年

的國民黨還差，要把屬地的居民偷偷滅口，又何需大費周章？

習近平既然能拍板定案，銅鑼灣書店所屬人員被綁，被關，被監視居然可以不死，而能回到香港召開記者會，向共產黨公開控訴而不怕報復。那共產黨真的死有餘辜，他們難道沒有人知道如何刑求？我從台灣警察口中都知道刑求的威力了，共產黨的情治單位多如牛毛豈有不知之理？

那些所謂民運人士，那些自稱的港獨分子，有必要交代他們被綁架卻能生還，身上不但毫髮無損，嘴巴還能侃侃而談的原因。他們如果不是出賣同志，當了污點證人，就是所描述距離實情太遠，把中華人民共和國抹黑得太過分，這種自曝其短的作法，騙不過跑社會新聞出身的記者。

中共當然有可惡之處，但香港、台灣、美國、日本等地又何嘗不然？該歸凱撒的歸凱撒，該歸上帝的歸上帝，這才是公平的報導。

導讀三

（一）民進黨會改口　名嘴政客會轉彎

我早說過，民進黨會改口，不肖的名嘴政客會轉彎，難道看不出來嗎？

蔡英文由反國旗、反中華民國，一變而為中華民國總統，護青天白日滿地紅國旗，這不叫改變，什麼是改變？

她從不唱無吾黨所宗，一變而將吾黨所宗掛在嘴上，由不向孫中山遺像行禮，而面對孫中山遺像宣誓。這代表了什麼？

她要當總統，就必須改變，這是情勢使然。總統難道不需要軍人為她打仗，公務員為她辦事？國家必須有人有錢才能理政。她不能只靠民進黨，必須儘量收攬全體民心，做為自己後盾，才能顯現力量。

這麼淺顯的道理，為什麼看不懂呢？蔡英文必然要轉彎，效忠她的人能不跟著轉嗎？不轉彎就要反對她。因此蔡英

文總統一人的轉變，勝過千軍萬馬，現在大家看出來了吧？

（二）台灣前途在大陸　不可主張台獨

台灣的前途在哪裡？什麼是統一，什麼是獨立，應如何判別。我的書和文章，說的幾乎都是這一件事。

台獨人士主張要當個堂堂正正的台灣人，要突顯台灣的主體性，台灣人不是中國人，這些想法的前提要件是台灣必須先行獨立才行。

台灣是地名而不是國名，要獨立必須先建國，不能地位未定，以致誰都可以將台灣納入勢力範圍，將台灣當作本身的棋子。

台灣要建國必須打一場獨立戰爭，否則只是妄想，只是一個夢境。李登輝建國不成，陳水扁無力建國，蔡英文雖然

主張兩國論，一樣竹籃子打水一場空。

台灣和大陸永遠都是一體，只有這一條路。必須站在正確隊伍，不容見異思遷。當大陸弱時，台灣獨立不了；當大陸強時，台灣更需靠向大陸，而不能倒向美日陣營，否則是自尋死路。

美日如果可靠，就不會只承認共黨中國，而不承認民主台灣。

當習近平到美國接受二十一響禮炮的接待規格時，蔡英文赴美，居然不能在華府會見政府官員，必須偷偷從後門進出，台獨的前途可想而知。

所以我認為台灣必須回歸大陸懷抱，站在祖國背上展翅高飛，才有前途。

當台灣不必為軍事、外交、國防預算煩惱時，才能脫胎換骨。把養兵、養將、養武器的錢投在人民身上，才能解決

人員和經費的不足 。我說蔡英文新政府，真正能突破者
不想突破；突破不了的還是束手無策，就是這個意思。

加入中國大陸成為中華民族的一員，正是愛台的言論，反
之則是害台的行為。

我是台灣人也是中國人，我是中國人也是地球人，更重要
的我是一個正常的人，因此沒有人能騙我，我也不想騙
人。這種言論目前雖是少數，但有一天一定成為多數，並
被稱為先知。

導讀四

（一）我的寫法只能按日期編排

本書收錄我去年十二月二十五日到今年七月一日，在臉書發表的文章。我把草稿拿給一些很有學問和見解的朋友看，徵詢他們的意見。

我擔心觀念會不會重複了，立論是否統一，要不要按性質編輯，而不是按日期排列，才能突顯重點。其中有各種不同意見，出發點都是為了我好，但我必須做出選擇。

1. 沒有書是不重複的，很多書雖然篇幅不少，但真正新的見解不多。作者的創見，不能因市場而轉移，才會有個人特色。

2. 我既然不靠書或文章賺錢，更應該珍惜自己。出書目的是自娛，何必在意他人意見。

3. 現在讀者個人意識很強，不想看的圖文送到眼前也不屑看；有心看者，自會設法找來閱讀，不勞作者大費心思。

4. 我的文章大多跟著新聞舉例，有時談人，有時論事，必須按照日期編排，便於查考。如果要照事件分類，既然你泥中有我，我泥中有你，反有不知如何切割之苦。

5. 我的文章淺顯易懂，別具一格，正是記者的寫法，另有一番滋味，值得細嚼慢嚥。

6. 觀點重複，代表個人見解始終如一，不像其他人見風轉舵，沒有個人獨特的心得。

紙本書籍正受電子書的衝擊，逐漸走向沒落之途。但我是今之古人，希望我的書籍除了自娛，也能娛人，提供有緣者收藏，因而樂此不疲。

（二）我書上的一得之愚

我的書有獨特的見解，雖是一愚之見，總希望引起討論，形成共識。

1. 什麼叫行政中立，什麼叫審判獨立，什麼是有罪推定，什麼是無罪推定。

2. 政治和法治的關係如何？要如何進行政治和司法方面的改革。

3.「九二共識」其實可以用「馬習共識」取代。一國兩制不能只談一國，而忽略兩制。有九二共識才能進入和平談判，透過和平談判才能落實一國兩制的安排，才能真正有助於中華民族的偉大復興。

4. 西方和東方對政治和法律的不同見解，此一部分有待以後新書補充。

5. 華人世界要如何取得西方世界的話語權？這些更需要日後加以補充。

6. 真正的記者如何看待新聞事件？不肖的名嘴政客如何迷惑閱聽大眾？

7. 很少有人像我一樣坦誠地把自己內心世界公諸於眾，既無所求又無所懼，要看就看仔細，不可忽略。

8. 有很多人把我的文章和書當成藥品，宣稱可治心靈和肉體創傷。這些說法或許誇張，但我認為可置書於床頭，幫助睡眠。

9. 千萬要當劉老大的朋友，因為他是朋友派；別把劉老大當成敵人，因為他一旦生氣，就會千刀萬里追。

10. 有些事隨時間經過而清晰，有些則因事情應驗而正確，必須對照文章發表的日期閱讀，才有趣味。

《一本正經系列》的境界

我已不太在意名嘴政客的胡言亂語,也不關心明年大選誰勝誰敗,只對今後必然發生的統獨對決有興趣。台灣究竟應該如何因應,才會趨吉避凶,則是我觀察思考的重點。

我第一個要盯的人是習近平。不看清楚他,就看不清中國;看不清中國,就看不清世界。習近平的改革正在轉動中國,中國的改變正在轉動世界。台灣那些自以為是的呆胞,坐井觀天,認為兩岸不起波濤,世界才能和平。而台灣是艘永不沉沒的航空母艦,具有地緣之便。卻不知道若台灣不重回祖國懷抱,爭取一國兩制優惠,寶島將成離島。一旦後悔時,海角已成天涯。

幸好馬英九童鞋即將卸任,不必再扛維護中華民國重責。因為蔡英文上台後必然和習近平展開統獨對決。我認為民進黨、時代力量等台獨分子選票贏得再多,親綠媒體名嘴鼓吹助勢再猛再烈,終極統一都是台灣唯一的出路,會在習近平的七年任期內應驗。

我不是政客,沒有選票壓力,我不受僱於人,不必看老闆

臉色。我的花費有朋友搶著買單，日子過得很爽。偶爾發發脾氣，沒有人會回嘴。有這些優異的條件，當然不能醉生夢死，必須秉持記者氣節，幹好無冕王的角色！

歲末年終，我交出了《兩岸一本正經——終極統一之路》的新書，一路走來，立論正確，預測神準。明年將和今年一樣，再接再厲，庶幾不負夏瑞紅所說，「老大，《一本正經專欄》是為你量身打造，你必須寫到一百二十歲。」

夏瑞紅是余紀忠欣賞信任的才女，幫我開闢《江湖一本正經專欄》的時報主編，目前不管世事，專心修行。我不太敢看她的PO文和照片，總覺得她太潔淨，我太汙穢。不過這世界有不少骯髒事必須清理，我願意當清理的黑手，並希望這是另一種形式的修行。

蔡英文一定當選　也會後悔當選

昨天我沒有看國、民、親三黨副總統候選人的競選辯論。這次大選只有國民黨初選時熱鬧，洪秀柱遭到撤換，朱王配成局，就不再有新鮮話題。明年投票結果又已在意料之中，就像凶手已經現形的偵探小說，讀者根本看不下去。

我也不像以前有監看政論名嘴的熱情，反而覺得有些人程度這麼差，年紀那麼大，還要如此拋頭露面，未免可憐。尤其胡忠信和周玉蔻，官司纏身還要裝不在乎，擔心害怕全寫在臉上，連我都不忍再打他們的臉。

明年是台獨元年。蔡英文當選後，會以懷柔手段，凝聚台灣共識，藉台灣民意對抗中共統一。選前的恩怨，一筆勾銷。國民黨黨產已經合法化，不會歸零，或遭不法追索。熱門話題全在蔡英文身上，她會找誰組閣，各部會首長是誰，她如何平衡各大派系，如何和中共建立溝通管道並取得美國、日本的諒解，她的就職演說要說到哪個節點，才能避免地動山搖，都會讓她絞盡腦汁，後悔當選。

習近平不會輕易發話，但會把蔡英文表面不搞台獨，實際

卻搞獨台的拒統行為，一一看在眼裡。莫測高深所帶來暴風雨前的寧靜壓力，連喜歡語出驚人的名嘴政客都會收斂。雖然他們還是會胡說八道，但只會打國民黨這隻落水狗，不會咬中共這支硬骨頭。

選後的政局精彩可期，不會像現在這麼沉悶。劉老大現在正在研究共黨理論，看習近平公開談話的講稿。文字看累了，拿下老花眼鏡，換上近視眼鏡看電視錄下的中共天安門大閱兵，振奮心情。

糊塗法官的糊塗判決

新春第一天，劉老大就向台北地方法院開砲，因為地院一審判決周玉蔻說馬英九收受頂新兩億元政治獻金，雖然不能證明內容真實，卻不構成加重誹謗罪。糊塗法官作出這種糊塗判決，不好好轟轟，將助長媒體公害。

目前仍在公共論壇發聲的記者，同時對媒體和司法有深入了解的人不多，劉老大是其中之一，也是佼佼者。此一眾所周知的事實，無庸舉證，連周玉蔻都不敢質疑。胡忠信更不敢，他是假記者，是法律陌生人，他談言論自由或法律知識，根本是笑話。

周玉蔻在聯合報當記者時表現不俗，不見容於聯合報破門出家後，愈變愈差。她這幾年趨炎附勢，自甘下流，成為政論節目領通告費的演藝咖。雖然敢衝敢講，敢哭敢鬧，搶鏡頭功力進步神速，查證功夫和記者守則卻全拋腦後。她現在已經成了新聞圈最大的恥辱和嘆息。

司法有很多改革其實已見成效，如便民禮民，如審判獨

立。但有一點最該改進的是法官的辦案能力。一些法官僵化地適用法條，不能貫通法理，司法院和各級法院又很少進行法律問題座談，加強法官在職訓練，以致辦案能力一代不如一代，清而不明，嚴重影響司法公信力。

愈有辦案能力的法官，愈能作出公正的裁判。因為對本身專業的自信，可以不受外界輿論的影響，維護社會正義。這些年來，司法判決明顯偏袒電視名嘴，法官居然怕被名嘴罵，用言論自由幫被告名嘴脫罪，或從輕發落，科刑不痛不癢，造成名嘴視法律如無物，造謠生事，毀人名節，為害國家社會。

我是媒體人，以爭取言論自由為職志，但我更看不起那些未經合理查證，就道聽塗說亂發新聞的記者。他們一條錯誤消息，受害者不計其數，就算事後更正，傷害已經造成。害人的不實新聞，談什麼言論自由？如果法律不能依法處置，司法亦將受害。這幾年司法受到多少抹黑，加害者就是名嘴。法官們心知肚明，不但忍氣吞聲，還曲以維

護。司法走到這一天，不必再自稱什麼正義的守護神了，連我這種資深司法記者都感到丟臉！

查證新聞正確與否，就是記者不可推卸的責任。錯誤的消息都查證不出，就沒有資格幹記者。記者只要保持平衡報導原則，問過雙方當事人，就不難分辨誰是誰非。事實尚未查清，不能草率發稿，時間緊迫非發不可，稿子要做交代。

一般民眾人云亦云可以原諒，網開一面。但周玉蔻不行，她是喜歡用記者專業否定別人專業的老記者。她現在的表演專業更可把沒有證據的事件，說得活靈活現，讓民眾信以為真。她不顧馬總統的否認，空口說白話，連續誣衊國家元首好幾個月，這種行為都不構成誹謗罪，什麼才叫誹謗罪？

我認為案件上訴二審後將會撤銷改判。司法機關不挺直腰杆，就不值得尊重和支持，我當然參與討伐司法行列！

名嘴誣衊總統　惡意直衝九霄

周玉蔻誣指馬英九總統收受頂新集團兩億元政治獻金，台北地院一審法官居然判決無罪，難怪她以勝利者姿態，要求已遭特偵組偵結的頂新案應該重啟調查。法官糊塗，名嘴無知，莫過於此。

除了胡忠信，沒有一位名嘴敢像周玉蔻一樣，只因為聊天所得，沒查到一絲直接證據，就在政論節目大爆內幕，謊稱她手中握有來自國安高層的消息來源，現任元首收受頂新財團不法政治獻金兩億，成了財團門神。總統再三澄清否認，她不但不理，還變本加厲，要求總統有種就提告，逼得總統不得不告。

周玉蔻知道自己捕風捉影，不利官司，向特偵組告發總統貪污，希望藉檢方公權力幫她找證據。名嘴告發，事關元首清譽，特偵組不敢怠慢，周玉蔻說到哪裡，案件就查到哪裡。結果浪費一大堆司法資源，只證明馬總統清廉，周玉蔻胡說，全案只能偵結。

台北地院判決周玉蔻無罪的理由，是她的評論出於善意，

雖然不能提出證據，但她信任消息來源真實，所以沒有誹謗的故意。糊塗法官認為周玉蔻只是記者，沒有調查權，不能課以太高的查證責任。民主國家需要批評監督，必須維護言論自由。

周玉蔻批判馬英九居然出於善意而非惡意，這種法官不但腦殘而且眼瞎。她對馬總統的惡意衝天，站在玉山頂峯都能望見這股黑煙，偏偏承審的青天老爺看不出來。言詞審理首重察言觀色，耳聾目盲的法官可以休矣！

記者沒有調查權，但通說擁有採訪權，因此分辨消息真假，查證來源對錯，是記者應盡的義務。違反此一義務，就必須課以惡意誹謗的責任。否則每個記者名嘴都可發布假新聞毀人名節，因為糊塗法官認為記者沒有調查權，只要信以為真，就可以善意傳播謠言。此一錯誤見解，為害社會不淺。

周玉蔻誣衊馬英九總統已經到了無所不用其極的地步。她

説馬英九貪污就是貪污，沒有證據也是貪污。她對有調查權的特偵組所查結果，不予採信，因為和她道聽塗說的內容不符。一審法官判決沒有認定她的指控正確，而是開脫她的錯誤指控出於善意，她竟因此上頭上臉，要求特偵組重啟調查，不把馬英九的貪污案從無查到有，她誓不罷休。

這樣的周玉蔻符合大法官會議 509 號解釋對誹謗罪的免責規定嗎？我認為一點都不相符，因為她的誹謗故意，昭然若揭，只見惡意不見善意。二審法官若再曲以維護，媒體記者和電視名嘴將以周玉蔻為例，假言論自由之名，在公共論壇胡說瞎搞，享受治外法權。今天台灣的媒體亂象已經令愚者懼、智者憂，一旦司法防線亦告失守，將成無人能制的怪獸。我是記者，當過名嘴，我主張司法必須制伏媒體怪獸，否則沒有言論自由可言！

台灣正在直選特首

歷史自有軌跡，中華民國氣數已盡，馬英九下台，蔡英文上台，正好送中華民國最後一程。

此一局面早在我的預料之中，不少人也已經看了出來。但有人不忍說破，有人尚有所求，有人志在拖延，有人期盼變故。不過該來的總會來的，與其晚來，不如早到。就像醫院的標語：早期發現，早期治療。

這次大選其實不是真正在選中華民國總統，而是直選台灣地區特首。中華民國總統的重要職責是國防、外交、兩岸，有人提出面對新局勢的新方案嗎？習近平在大陸推出一連串的政改軍改對台灣影響如何，他可能採取何種反獨促統的地動山搖手段，三黨總統候選人不敢深入辯論，這是總統級的大選嗎？

修橋、補路、蓋房、加薪、就業、醫療、保險、升學等等，都不是攸關國家發展方向的大事，交由內閣總理即可處置。一國元首統帥三軍，當然要談軍事武備，結交諸夷等

國家存亡問題，取得民眾信任獲得選票支持，否則選什麼總統？

我很好奇蔡英文當選感言和就職文告會怎麼說。我認為習近平一旦把她定性為和祖國為敵的台獨分裂勢力，她只能花更大的精力證明她不是，這違反她的心意；但為了台灣百姓，卻不得不做，真是命苦。

這次大選必須用劉老大提供的角度觀察，才看得清楚。看清之後會發現，現在有些名嘴政客的得意微笑，顯得非常無知！

台灣充滿意外　是脆弱之地

一個民進黨大選完勝，總統立委都單獨過半，馬總統提前釋出組閣權的問題，就搞得台灣政壇沸沸揚揚，無所適從，這麼脆弱的國家，能耐幾級的動搖？

如果萬惡的共匪，眼見台獨勢力即將執政，在選前之夜突襲馬祖，占領北竿，請問三位總統候選人，中華民國應作何種處置？

不可回答不可能，我也認為不可能，問題是萬一真的發生了呢？

譴責是一定要的，還要呼籲國際社會共同譴責並加制裁，效果如何不知道。反擊是一定要的，還要美日助一臂之力。兵戎相見之前最好進行和平談判，海峽兩岸一直處在戰爭狀態，並未簽署和平協定，只是大家已經忘了，以為不可能再有兵災。

單純北竿失守不是重點，我提的問題和選舉有關。隔天

是投票日，馬祖北竿公民無法投票，國家面臨外力入侵，中華民國總統該如何處理？馬英九可宣布戒嚴暫停選舉嗎？民進黨蔡英文等會遵守戒嚴令嗎？沒有人會攻擊馬英九和習近平唱雙簧嗎？大選該停多久，何時恢復，應進行什麼正當程序，都是可以吵得島內翻天的問題。

中美斷交時，蔣經國總統可是暫停過中央民意代表選舉的。不過馬總統不是蔣總統，他沒有蔣總統的權威和魄力。

總統大選的意外事件千奇百怪，陳水扁在選前一天發生兩顆子彈的槍擊案就是一例。我希望這次大選平安順利，提出上面的假設問題，只是告知國人，台灣的民主和國防都十分脆弱，再加上把選舉當選戰，一味攻擊內耗，不需要敵人，自己就搞死自己。

台北市長柯文哲是民主之恥

最近沒有PO文，原因是不再監看政論節目，缺乏駁斥不肖名嘴政客的動力，也不想實話實說，影響藍軍選情。

不過新聞還是看的。看到柯文哲千里走單騎，騎著腳踏車由北到南一路助選的盛況，差點嘔吐。

柯P旋風除了代表台灣民主必須整風之外，我看不出有任何意義。柯文哲迷人之處在哪裡？名嘴們怎麼可以想出那麼多的溢美之詞？

我妹妹曾經告訴我，她不敢正視柯文哲那張臉，我斥責她過分。但最近我對柯P臉譜詳加檢視，卻不認為她太離譜。或許有很多人也會罵我過分，但我不畏人言，認為柯文哲真的愈長愈難看，他自以為政治巨星的嘴臉愈來愈濃，距離素人的純樸一天遠過一天，奸巧的笑容和舉止，顯示他是更可怕的政客。這號人物正在台灣政壇崛起，不嚴加檢視，必成民主之恥。

我同情蔡英文，但討厭柯文哲，尤其是依附在柯Ｐ身邊那些沒有品操的政治人物。

台灣大選荒謬無比

終於到了競選活動的最後一天，明天投票揭曉，中華民國逐漸走入歷史，台灣共和國即將取而代之，中華人民共和國則直接面對如何光復失土的頭痛問題。

而劉老大同樣到了必須正視該不該出任台灣特首的關鍵時刻。我一向只建言不任事，但依目前情勢，有些不肖名嘴政客，沒有我出任特首狠狠收拾不行，說不定這也是老天在開我玩笑，必要時只好臨危受命。

蔡英文都能當中華民國總統，劉益宏當然可以當台灣特別行政區行政長官。她說自己的國家自己救，我也可以說自己的家鄉自己管。柯文哲市府團隊人才流失，揚言廣徵天下英才遞補。劉特首大權在握，高薪禮聘台人治台，更是易如反掌。我比柯P醜嗎？比他難相處嗎？歌聲舞技不如他嗎？當然不是！

台灣自有選舉以來，沒有像這次大選這麼荒謬。主張台獨建國的人高喊自己國家自己救，到底在救哪一國？中華民

國尚未滅亡，台灣共和國並未成立，請先把話說清楚。

中華人民共和國一黨專政，沒有普選，但一樣被這次台灣大選所苦。以前馬英九當選中華民國總統，由於兩岸同屬一中原則相同，還可以繞過中華民國國號，用共產黨總書記名義祝賀國民黨主席勝選。台獨分子蔡英文選勝，習近平能祝什麼賀詞？不祝賀能恐嚇嗎？地動山搖的狠話早就說過，沒有必要一說再說，否則將成為紙老虎。

電視畫面看到那麼多參選的助選的，流著眼淚唱著歌，一副末日景象，真不知該喜該憂。民主政治搞到這種程度，還是改成中國台灣好。

讓我們一起高呼：台灣人民萬歲！中華民族萬歲！劉特首萬萬歲！

先了解周子瑜事件的真相

我有一位獨生女,她的名字叫子瑜,和周子瑜同名不同姓。如果有人讓她受了委屈,我可以不要老命,和對方拚到底,不管對方權有多高,勢有多大,人數多寡。

周子瑜雖然不是劉子瑜,但她是我的同胞,真有委屈找到我,劉老大一樣盡心盡力,為她出氣。我從小就好打不平,行俠仗義,聲名遠播,不是軟腳蝦。但江湖行走全憑一個理字,有理走遍天下,無理寸步難行,否則愛之適足以害之,幫忙變成惹禍,終將後悔莫及。

周子瑜的台獨封殺事件,大家真的把來龍去脈搞清楚了嗎?看到新聞就發火,這種反應正確嗎?我太不相信這段期間的大眾媒體和網路消息了,也太了解假新聞和偽記者如何為害社會了,因此我希望腦筋清醒的人先釐清真相,判定是非曲直,再定責任歸屬,而不是人云亦云瞎起鬨。

我是媒體人,最恨媒體不顧社會責任造成媒體殺人的惡果。周子瑜才16歲,她連台灣是不是國家都搞不清楚,

哪裡是反對一中的台獨分子？海峽兩岸有太多的同胞不知道一中兩中，一國兩國，統一獨立等等歷史糾纏和真正意義。成天相互叫囂，揚言訴諸武力，真是氣死我也。

放過周子瑜吧！各位別有用心的大人們。不管她知不知道，她都是中華兒女，不必假關切真迫害，她剛出道需要更大的發展舞台。

我關心子瑜，她真有委屈決不袖手，缺乏這種正義感的人旁觀即可！

蔡英文當選　中華民國不見了

蔡英文的勝選感言，我耳朵不好，聽不明白，但戴上新配的眼鏡，卻看到全場沸騰，多數眼角含著高興的眼淚。民進黨痛毆國民黨，走完取得執政的最後一里路，中華民國出現第一位女總統，但我沒看見一面揮舞的青天白日滿地紅國旗，中華民國不見了！

台獨不必說，但看得見。我在去年底就說，今年是台獨元年，果然不錯。不想說太多，接下來的政局會照我的書和PO文，繼續上演。

有人正讚美姚立明對選情預測神準，但比起我來，他差得太遠。我預判得比他早也比他準，他不敢和我賭，也不敢不服氣，不信問他去！

民意和歷史之間的衝突

學者專家的通病，是把簡單問題複雜化，劉老大的特色是把複雜問題簡單化，因此我的文章淺顯易懂。

台灣這次的大選結果，早在我的意料之中，但為了幫助藍軍和遏止台獨，難免為馬英九和國民黨擦脂抹粉。我對蔡英文充滿善意，了解她的真心和難處，她是真台獨，卻不敢表態，因為知道台獨在中共的威逼下，必然將台灣帶向死路。

中共強國崛起，是世界各國之友，也是世界各國之敵。大家怕它擴張國力，有害本國利益。又怕它動亂，一發不可收拾。它是一個不能不交往，又不得不提防的大國，有經濟利益，也有軍事危機，無法政經分離。

台灣的民主化，讓多數民眾不把一黨專制的中共視為祖國，希望獨立建國，成為兄弟之邦。但台灣是甲午之戰清朝的割讓地，光復台灣是中華民國和中華人民共和國的歷史使命，就算民國滅亡，共和國尚在，使命都將持續。

台灣從來沒有獨立過，被祖國割讓後只是殖民地，不肯回歸祖國懷抱，就是背叛，就是數典忘祖。主動認祖歸宗，大陸只會加倍疼惜；被迫帶回，只好嚴加管束，反正只有終極統一一途，別無他路。

但是這次總統立委選舉，卻明顯地告訴大陸，台灣要獨立不要統一，習近平會尊重這種民意嗎？當然不可能！

中共就算放棄一黨專政，改採民主政體，統一依然勢在必行。國民黨兩次大挫敗，深層看來其實就是獨派大勝，獨立建國的心聲沒有喊出口，但全世界都感震動，都暗中予以援助。因為除了中華民族，沒有哪一族人民願意看見中國真正強盛。悲哀的是連同文同種的台灣人都否定他們是中國人，我真不知道他們不承認是中華民族後，會把自己歸類為哪一族？

政治立場與政治考量

台灣的不肖名嘴政客，愛台的本事沒有，害台的功夫一流，明明一件振奮人心反貪打腐的司法案件，卻可扭曲成不堪聞問的政治鬥爭。這些混帳東西不倒，台灣永遠不會好，什麼人什麼黨執政都一樣。

立法院秘書長林錫山涉嫌貪污索賄，在大選後第三天遭台北地檢署搜索逮捕並聲押獲准，就我這種資深司法記者看來，這麼漂亮的偵查案件，可以列為檢調教材。但一些政客名嘴卻可顛倒黑白，將案件上綱上線，染藍染綠，說成是馬英九和王金平的第三次惡鬥，檢調單位選後背棄藍營轉向綠營效忠。廣播電視法第二十二條明文規定，對於尚在偵查或審判中之訴訟事件，或承辦該事件之司法人員或有關之訴訟關係人，不得評論。但為了譁眾取寵拚收視率，沒有人理法律和 NCC，台灣是個法治的社會嗎？

如果連辦倒林錫山，都要遭到質疑抹黑，我建議檢調司法人員從此消極擺爛一段時間，看看台灣變成什麼樣子，會沉淪到什麼地步。我相信台灣亂，台灣倒，不肖的名嘴政

客一定不會好，不信就試試！

辦案不能有政治立場，但辦案手法必須有政治考量。兩者不可混為一談。王子犯法與庶民同罪，沒有當選過關，落選被關這回事。在威權統治時代，司法並不公正，但歷經多年改革，司法愈變愈好。陳水扁總統貪污要坐牢，這顯示打貪不管政治。權位再高，群眾再多，有證據就拉下馬。他在偵審期間的處遇優於他人，這是避免引起不必要爭議的政治考量，情理兼顧，手段圓融。如果馬英九涉及貪腐，當然比照辦理。犯罪沒有顏色，辦案也不必考慮顏色，這才夠資格稱為民主法治的國家。

林錫山是王金平的心腹，有人檢舉他收賄，不該辦嗎？如果王金平也涉案，一樣該辦到底。但檢調很快排除王金平涉案，鎖定林錫山蒐證，否則辦案層級就是特偵組，而不是台北地檢署。有些無知名嘴說，林錫山是特任官，地位形同部長，不該由地檢署偵辦，案件該歸特偵組，顯然其中有鬼。真是一派胡言，上節目前翻翻法院組織法，看一

下六十三條之一有那麼困難嗎？

政客名嘴們紛紛指責搜索的動作太大，實施的時機敏感，違反偵查不公開原則等，我懶得一一駁斥，他們太外行了，太惡意中傷國家公務員了。請問什麼時候發動搜索才不敏感？該出動多少人力，搜索多少地方，動作才算不大不小，完美無缺？他們這些混帳東西知道事實真相嗎？了解案件難易嗎？不以外行指導內行用嘴巴辦案會死嗎？

像台北地檢署這麼周密的蒐證和前置作業，挑對政治局勢影響最小的關鍵時刻，發動搜索，鐵證如山，主嫌應聲落網，真是漂亮出擊。蔡英文完全執政後，大可對這次偵辦行動進行考核評比。反正新的法務部長不可能袒護馬英九，綠色執政也不至於接納由藍轉綠的無恥之輩，到時誰是誰非一目了然。希望評比出爐時，目前造口業者知所進退。

沒有什麼政治空窗期

大選過後的流行用語是「政治空窗期」，乍聽不無道理，
細思毫無意義。

李登輝將國民黨政權交給民進黨陳水扁，只書面移交一張
A4 紙的清冊，和口頭交代了「鞏案」A 下的總統私人小
金庫，一樣水波不興，平穩過渡。陳水扁移交政權給馬英
九，私下偷藏了許多總統府機密公文，馬英九照常走馬上
任，政權無縫接軌。

台灣的民主土壤，讓落敗的政黨無法暴衝生事，讓軍方不
敢藉故兵變，軍民都要服從新領袖，不管領袖是男是女，
是統是獨，穿裙子或穿褲子。

台灣的民主選舉愈選愈平庸，哪裡是選賢與能？這種英雄
不願參加的賽局，毫無可觀之處。唯一值得稱道的是政權
和平轉移，勝選和敗選者，都維持一定的政治風度。

再多的負面選舉一旦結果揭曉，贏者喜不自勝，卻表示高

興一天就好，「謙虛，謙虛，再謙虛」。輸者氣得要命，私下怨天尤人，卻公開祝賀對手，表示自己努力不夠。這種風度和謊言，比起其他民主國家不但毫不遜色，甚至猶有過之。

因此大家相信我，這次馬英九和蔡英文的總統交接，不會有什麼憲政危機，政權必然和平轉移，而且是轉移清冊最多，看守表現最好的一次，哪有什麼空窗期？

馬政府的空窗期不在選後，而在選前。多少政策在完全執政的情況下仍遭打槍遭卡關，以致施政不連續，無法一展抱負。現在遭到選民唾棄，當然早滾早好，這叫服從新民意。不過在蔡英文接手前，必須盡善良管理人的責任，以免有失看守義務。

蔡英文是新民意的代表，當然應該儘快展現新民意，縮短看守期。她參選兩次總統，八年前就準備好了，心目中的閣揆人選一抓就是一把，遞個紙條給馬英九宣布名字，有

何難處？馬英九不會也不敢不配合的，何妨試試？

其實選後的政權交接紛擾，都是假議題。有人不交或有人不接，才會造成危機。馬政府願早點交，蔡英文只要早日接，我看不出問題在哪裡？什麼憲法原則、法律規定，都可以變通解釋或修法解決。法是死的，人是活的，主權在民不是嗎？

台灣的政治不可能有政權交接的空窗期。毛治國不幹，張善政幹。政務官不幹，事務官幹。中央政府叫不動，有地方政府。民眾違規照樣有人開罰單，犯罪還是抓去關。請問政府停止運作了嗎？有人趁機擴權搗亂違反看守原則了嗎？沒有！沒有就閉嘴，不要利用假設性的問題挑撥離間！！

吳敦義是台灣第一能員

輪到吳敦義出場了！這次如果中國國民黨還不知道全黨擁戴吳敦義出任黨主席，那真該死無葬身之地。

道理很簡單，蔡英文當選中華民國總統之後，中華民國名存實亡，她正在走台灣建國之路，只能做不能說，否則就是逼習近平出手。監督她走險路的最大在野勢力是中國國民黨，培育以後「台人治台」人才的最佳政黨，也是中國國民黨。

中國共產黨和中國國民黨是孿生兄弟，既合作又鬥爭，以前如此，以後亦然。國民黨創建中華民國，共產黨創建中華人民共和國，兩國其實是一國，領土主權人民都一樣，都要光復台灣，都反對台灣建國。所謂政權重疊，治權各異，即此之意。但國共內戰雖然停火，尚未議和，要真正統一，總要消滅一國才行。國不可並存，此為一個中國原則；各自表述云云，只是邁向終極統一的權宜之計。

但是政黨可以並列。一國兩黨，一國多黨，都不違背一中原則。中華民國和中華人民共和國如果求同存異，國名可

以叫中國。中國現在的執政黨是中國共產黨,有朝一日不能變成中國國民黨嗎?一黨專政非要專到地老天荒才行嗎?葉劍英、廖承志等人以前向蔣經國喊話,希望渡盡劫波兄弟在,相逢一笑泯恩仇,不就是含有邀請國民黨共同促進國家統一,一起逐鹿中原的意思嗎?

兩次大選把國民黨打得潰不成軍,但也因為台獨勢力如日中天,讓國民黨愈顯重要。共產黨需要國民黨幫忙守護台灣,維護領土主權完整。民進黨滅亡中華民國時,就是中國真正統一日;而到時維護台灣目前自由民主生活,避免一國一制的政黨是中國國民黨。

民進黨現在人滿為患,爭食勝利果實,國民黨現在殘兵敗將,青黃不接,有志青年當然該加入國民黨行列,立足台灣,胸懷中國,放眼世界。

因此,現在最有能力收拾殘局,培養新血的國民黨主席人選是吳敦義,他是兩岸和國內都能接受的實力人物,也是第一能員。錯過他,是國民黨和台灣民眾的共同損失。

毛治國不幹　張善政幹

剛才看電視新聞，知道馬英九總統批准毛治國辭職，正式提名副院長張善政出任閣揆，心中一震，咦？此一情節我好像已經寫過。

經查兩天前（1月23日）PO文，果然在評論政治空窗期的文章中寫道：毛治國不幹，張善政幹，政務官不幹，事務官幹。劉老大真準！

上周六寫稿是心血來潮，沒看任何新聞，沒有外力誘發，純因閒來無事，心想久未PO文對不起板凳，藉一篇文章和大家交流交流，不料信手一揮，卻矇對了一位短命閣揆張善政。

我好像愈來愈像算命的，以後話不能隨便說了，否則有人信以為真，把玩笑當預言，豈不罪過。

本文雖有得意成分，但旨在澄清。劉老大年老返童，亦狂亦俠，亦瘋亦癲，真真假假，假假真真，各位板凳可信可不信，特此聲明。哈哈！

吳敦義這次不選國民黨主席

剛剛和副總統吳敦義通過電話，確定他不參選這次中國國民黨的主席了。真是國民黨和台灣民眾的損失。

國運黨運如此，夫復何言！

吳敦義是目前我眼中的第一能吏，也是林洋港之後我最佩服的台灣政治人物。我沒勸他出馬，也不必問他原因，閱盡千帆，我清楚得很。

情勢演變，讓我的特首之路又跨進一步，真不知道該喜該悲?!

我對中國國民黨路線的看法

國民黨的路線是什麼？該成為什麼樣的政黨才有存在的價值？我的見解如下：

（一）國民黨應該是個中國黨，不能眼光短淺，劃地自限成了個台灣地區的本土政黨。它目前必須反獨，但終極統一是它今後該走的方向。

（二）本土化不是台獨化。蔣經國推動十大建設，大量培養台籍菁英，因為他知道反攻無望，隨中央政府播遷來台的法統民代日漸凋零，不深耕台灣無法生存。本土化很容易變成台獨化，因此開放兩岸探親。在他眼中，台灣大陸同屬一個中國，兩岸同胞血脈相連，他是中國人，也是台灣人。

（三）民進黨創立後，建立台灣共和國就是它的終極目標。但李登輝、陳水扁執政二十年都獨立不了，蔡英文一樣無法完成建國大業。就像蔣介石在韓戰、文革無法打回大陸，只好遙望祖國神傷。

（四）中華民國和中華人民共和國本來就是兩國。台灣年輕人不了解國共之間的恩怨情仇，在不同的政治制度下成長，認為台灣是個民主國家，天經地義。但大陸卻把兩岸統一視為歷史使命，事實台獨一旦變成法理台獨，必然兵戎相見。目前的局勢顯示，事實台獨也不見容於中共，早晚必須回歸，兩制可以，兩國不行。

（五）民進黨雖然代表主流民意，拿下中華民國政權，但它的骨頭和血液都是獨立的基因，不真心表示兩岸同屬一中，就脫不了中共地動山搖的危險。台灣民眾願意結成血肉長城，為獨立建國目標流血犧牲嗎？我認為不會，不只是力量差太遠，而是統一如果真能維持台灣民主法治的生活，促進經濟發展，沒有對抗的理由，因為台灣從來就不是一個主權獨立的國家。

（六）民進黨和國民黨都是目前在台灣的中華民國政黨，但站在大陸的中華人民共和國立場，它不會承認主張台獨的民進黨，卻不能否認主張兩岸統一的中國國民黨。中國國民黨在兩岸統一後，還有向中國共產黨爭取在中國政壇

的地位和本錢，但民進黨繼續搞台獨，完全沒有和中共談判的空間。

（七）國民黨要在台灣生存，必須本土化，以反對台獨，反對戰爭，爭取民眾支持。急統會嚇壞中間選民，但不主張終極統一，黨不會有願景、有方向。一旦為了選票極大化，改黨名為台灣國民黨，就成了小民進黨。選民要本土，要台獨，選民進黨就行了，何必選國民黨？

（八）現在中國國民黨的真正優勢，其實就在「中國」兩字，怎麼可以去掉？國共兩黨真有意思，又合作又鬥爭。共產黨現在需要國民黨幫忙守護台灣，防止獨立。國民黨需要共產黨隔海加持，提高價值。大陸同胞也希望國民黨成為共產黨的對照組，促成具有中國特色的民主法治政治制度，既能維穩，又講人權。國民黨現在看似吃鱉，其實後勢看好。台人治台國民黨是首選，因此前途不可限量。

看錯習近平　我退出公共論壇

我幹記者愈久，愈覺得為人應該謙虛，謙虛，再謙虛。但現在一些不肖的名嘴政客和所謂自媒體記者卻反其道而行，上知天文，下知地理，兼通世事。既要教檢調辦案，又要教法官判決。對政局有看法，對施政有意見，不但了解台灣，更深入了解大陸，掌握世界局勢更不在話下。

我談台灣，不以為然的較少。談大陸，要我先到對岸看看再說的人就多了，其中包括許多大陸呆胞。

劉老大是余紀忠先生認定的優秀戰將，外號劉一刀，刀鋒所及，非死即傷。但閱歷愈深，鋒芒卻愈收斂。如今人老刀不老，像個遲暮美人風韻猶存。千萬不要誤判，以免自討苦吃。

我對大陸現況的了解，超乎許多大陸呆胞的想像。由於少交官多交民，對大陸高層權鬥和共黨理論比較陌生，目前正努力研究中。但買了一堆書，卻愈看愈失望。

很多書的消息一看就知道是穿鑿附會，剪貼而成。有些流亡海外的所謂自由派知識分子，含怨推論，散播仇恨種子。他們的見解格局，連偽君子胡忠信都不如，難怪會找他寫推薦文。

最讓我驚訝的是那些把習近平罵得一文不值的民主人士，居然能攜眷帶書出國，安居美利堅，繼續罵中國，很多根本是惡意扭曲。習近平真的是獨裁暴君嗎？習皇帝沒有能力讓他們永久消音嗎？竹聯幫都可以在美國滅作家江南的口，我不相信共產黨做不到。毛澤東發動文化大革命，大陸一片紅潮闖將，說放就放，喊收就收。既然把習近平描述得殘暴超越毛澤東，他們怎麼還能出國避禍？

我看了習近平的書面講話，也觀察他出國訪問的言行舉止，認同李光耀對他的評價，他是曼德拉級的世界領袖，甚至超過曼德拉，不信大家拭目以待。一旦我看錯了，從此不再發言，從公共論壇消失！

馬英九卸任之前的轉變

看到馬英九童鞋最近笑得如此燦爛,劉老大禁不住也跟著高興起來。

我們這種老男人要快樂,一定不能憂國憂民,一定要不負責任,該約會就約會,該看海就看海,能分產就分產。

馬英九以前多麼負責,連有人摔倒都要道歉,跑到東遭人罵,跑到西惹人嫌,像隻無頭蒼蠅,想逆風高飛,卻不知方向在哪兒。哪像台北市長柯文哲,當隻不負責任的小蜜蜂,飛到東螫一口,飛到西螫一口,整天嗡嗡嗡,屬下心煩,廠商心酸,他卻和呆粉合影,自得其樂。

看見馬童鞋浮腫的雙眼比保外就醫的陳水扁更顯憔悴,連路跑都差點仆街,我真想勸他早點進入看守期,擺爛等待交接,反正不能再連任,管他民調幾趴,日本有負利率,台灣若有負支持率,也算創舉。

誰知道我的建議還沒提,習近平卻搶先約他到新加坡見

面，不知道小習私下面授他什麼機宜，老馬回台居然脫胎換骨，整天笑嘻嘻。總統選輸沒哭，國民黨換主席內閣不理，還約單身的蔡英文到一千六百公里遠的太平島看海去，其中當然有貓膩。

現在答案揭曉了，原來馬英九童鞋正事不幹，跑到太平島清點中華民族祖宗遺產，打算和習近平共同繼承。難怪蔡英文氣急敗壞，因為她打算就任後把財產賣給美國換軍火，老馬即將讓位，卻臨去秋波來上這麼一手，實在太壞了！

就像劉老大說的，馬英九總統弄得人人罵個個嫌，就是他想討好每個人，他不夠壞。俗話說，男人不壞女人不愛，一旦這個男人成了總統，則應改為總統不壞大家不愛。

我想一定是習近平在新加坡馬習約會時，告訴老馬領導人讓人怕比讓人愛重要的，因為你讓人怕，主動權在你；你讓人愛，主動權在他。小習果然混過江湖，見多識廣不含

糊，言教身教，不用半天就把老馬給教懂了。

讓我們為馬英九總統終於開竅舉杯，一千杯！再千杯！三千杯!! 請坐，分祖宗遺產……。

不要給蔡英文總統灌迷湯

我去年寫了三個月臉書，才勉強出了一本書，剛剛看了一小時的《正晶限時批》政論節目，發覺如果記錄下來，可以立刻再出一本，書名《迷湯大全 —— 偉大女總統蔡英文》。

真難為王世堅、吳國棟、周玉蔻、王時齊、歐崇敬等名嘴政客們，可以如此挖空心思，見微知著地把總統當選人蔡英文描述得如此偉大，如此兼聽，如此周到，如此用功，如此不怒而威，如此善於布局，如此既平凡又不平凡，如此……。

兩小時的節目只看一半就關了電視，否則要出兩本《迷湯大全》才能容納他們描述的蔡英文具有的各項優點和美德。還好我已經退出名嘴圈，拍馬功夫差人家這麼遠，如何配合製作單位捧人？

為政治、經濟或人情因素捧人，是目前政論節目常有的事，但不能吹捧過度，否則不但肉麻，而且噁心。不肖的

名嘴政客一向趨炎附勢，但總要披件薄紗包裝包裝，不能大剌剌赤裸裸地往總統當選人擠，以免有傷風化，有礙觀瞻。畢竟都是公眾人物，總要保持最低的廉恥和風骨。

王世堅說蔡英文不是女版的馬英九，馬英九比不過蔡英文的一根腿毛。蔡英文幾乎都穿褲子，外號「開房間」的王世堅如何能知道蔡英文腿毛？比喻不倫居然沾沾自喜，這種貨色還拉小提琴？他強調蔡英文比較像女版的李登輝，沒有李登輝的霸氣，但台獨的意志比李登輝還堅定，所以才會幫他設計出兩國論。王世堅稱讚蔡英文比李登輝強，就職之後一定會往獨立方向勇敢邁進。蔡英文正為是否承認九二共識的一中原則所苦，「開房間」不知情勢險惡，竟公開揭露她的台獨心思，有這種腦殘同志，蔡總統真不知該笑該哭？

吳國棟更好玩，他曾是我中國時報的長官，品德操守之差無人能出其右。我在以前所出的《新聞一本正經》書中，寫他到北投買春不上道，慘遭北投兄弟痛毆住院的故事，

時報同事爭相傳閱，掌聲如雷。這號人物居然一臉正經在節目上向蔡英文公然求官，面無愧色地說，讓他擔任廉政署署長，才能真正打擊公務人員貪腐。吳國棟並透露，蔡英文請他喝過咖啡，向他請益，因此了解他的能耐和為人。如果吳國棟的說法為真，蔡英文真是瞎了眼。

我不輕易批評蔡英文，希望她做出政績，不搞台獨，以免禍國殃民。不過她尚未就職，就已經泡在迷湯之間，我的善意很可能付諸流水。到時劉老大開砲，別怪我沒先打招呼！

馬英九阻擋了台獨之路

在民進黨和它的支持者眼中，馬英九成了最頭痛的恐怖分子，一言一行都在突襲蔡英文。

新加坡的馬習會是突襲，拋出多數黨組閣是突襲，到太平島視察發放慰問金是突襲，說字典沒有「看守」兩字是突襲，八名陸客飛到桃園中正國際機場轉飛泰國曼谷更是突襲。突襲無所不在，突襲無日無之，民進黨大選大勝，居然無可奈何。馬英九，你怎麼會在丟掉政權之後，突然變得這麼可惡？

現在總算見識到總統的威風了吧？說什麼跛腳馬令不出總統府？只要他肯跑，跑新加坡，跑太平島都是一天來回，還開國際記者會，聲音響遍全世界。

不要說尚未卸任的總統馬英九，出門車隊，出國專機，儀杖不可少；連八年前卸任涉貪收押的陳水扁，關進看守所內都有國安特勤人員護衛。他首度交保前往理容院剪髮去霉時，一樣警車開道，專人提鞋，聲威嚇人。

總統就是總統，他有刑事豁免權，是憲政機關，有法定職權，非經罷免或解職，誰都攔他不住。一些無知的名嘴政客天天痛罵馬英九，以為可以製造輿論把他禁足。他們太天真了，不信就採取法學博士姚立明所提，由立法院提彈劾案的辦法試試！姚博士如果真能結合新國會把馬英九的總統身分廢了，我帶唐湘龍到他住的台北市政府官舍掃地三天。

把馬英九當恐怖分子，視他言行為突襲的真正原因，是他阻擋了台獨之路；否則歡迎都來不及了，怎麼還會故意抹黑？

習近平才是佛地魔

現在的熱門話題是政權交接。短命閣揆張善政的交接大家認為不成問題，因為民進黨完全主導的立法院已經各就各位，行政院必須向立法院負責，不怕張善政暴衝出格。蔡英文和綠色陣營擔心的是馬英九搞鬼。

距離五月二十日新舊任總統交接還有三個多月，多數民意已經判決馬英九出局，他卻非要守法守紀，做好做滿不可。如果馬童鞋現在請假在家看韓劇，有人會怪他嗎？或許他不知道該向誰請假，但就算曠職又如何？主流民意希望他趕快消失，他偏要盡忠職守，真是白目到極點，害得綠營還要提心吊膽一百多天。

馬英九連任之後就沒有人怕過他。哈利波特的小説中，有誰天天笑罵佛地魔？怕馬童鞋是假的，怕習大大才是真的。在綠營眼中，馬英九是個微不足道的麻瓜，但他背後站著習近平，（那個人）才是佛地魔。

馬英九和習近平完成歷史性的馬習會，竟然成為這次國民

黨大選的敗選理由之一，他怎麼可能在台灣提出其他更感動人心的政績？台灣的恐共教育和台獨的抹黑宣傳，已經明確地告訴中共，再多的讓利，都無法挽回大局。

馬童鞋不必再為兩岸的和平搭橋了，熱面孔貼冷屁股又何必？趕快宣布交接內容後在家休息吧，不必到520蔡英文必然會來找你，因為你必須把佛地魔交接給她，而她除了按照你教的方法去做之外，根本無能處理。

我的臉書再度消失

三小時前在臉書寫好一篇文章,一按發布,整個臉書又莫名其妙地消失不見。

這已經是第二次發生,原因不詳。臉書大概自恃公司大,不必事先告知用戶所裁定的理由,並聽取申訴,愛怎麼決定就怎麼決定,讓使用者如墜五里霧中,未免霸道得令人氣憤。

我考慮從此不用臉書,但五千粉絲和超過五千的追蹤者讓我不捨,目前陷入兩難。一旦劉老大開除了臉書,希望知情者幫忙解釋,代向各位板凳說抱歉。

心情不佳,言不盡意,聊草數語如上。

風水輪流轉　面臨現世報

風水輪流轉，轉得可真快。

綠營的名嘴政客現在都在批判柯文哲，都在鼓勵國民黨重新站起來，都害怕馬總統出巡宣示主權。

台北市的交通打結，使智商 157 的柯 P 突然從天才變成笨蛋。不久前這些人稱讚他素人從政，是不世出的政治奇才，如今通通變了心。他們說柯文哲頂多幹個急診室醫師或主任，居然想和蔡英文競選 2020 年總統，太不自量力了。捧蔡防柯到此一地步，人心險惡讓人點滴在心頭。

那些選前恨不得國民黨成為宇宙灰燼的偽君子，現在竟成為國民黨的鐵粉，希望它不要分裂，希望它重新站起來，教它如何深入檢討，如何廣納人才。他們說台灣需要強而有力的反對黨，它就是百年老店的中國國民黨。

馬英九總統丟掉了政權，想早點交接，綠營反對，但卻擔心他交接前心懷不軌。總統府一再保證平穩過渡，但反馬

人士就是不相信。他們希望馬英九斷腿失聲，在總統府自囚禁足，直到五月十九日。

李光耀逝世時，馬英九低調前往新加坡參加家祭，不肖的名嘴政客罵他沒有參加公祭，有辱國格，平白喪失宣揚主權的機會。

去年底在新加坡的「馬習會」，中華民國總統馬英九大大露臉，青天白日滿地紅國旗世界飄揚，綠色陣營義憤填膺，罵他承認九二共識是喪權辱國，蔡英文上台之後，否認九二共識，不說兩岸同屬一中，照樣可以要求蔡習會。

姚立明和周玉蔻等名嘴不但痛批馬習會，對馬英九選後到太平島宣示主權尤其憤怒，因為美國反對，馬英九不該違背美國老大哥的意思，親中而不親美。

這一對名嘴認為，馬英九到太平島宣示主權其實是宣示了中華人民共和國的主權，眼中沒有台灣，心中只有中國。

從即日起不但不能再去太平島，更不能有馬習二會或三會，乖乖待在家裡等待交接。交接之後也不能到北京大學演講，立法院應該針對馬英九立法，設立旋轉門條款，防止馬英九卸任後前往大陸訪問。

李登輝總統任內赴美國康乃爾大學演講，造成兩岸幾乎打仗沒關係，卸任後到日本旅遊演講是他的自由。他主張台獨和釣魚台是日本的，綠營一笑置之。他的卸任總統禮遇沒期限，一直領錢領到死，不必設立旋轉門。

馬英九就不同了。執政期間反馬人士天天嘲笑他走不出去，沒有國際空間，卸任在即卻怕他四處走動宣示主權。他盡力維護台海和平穩定，但一舉一動必須看美國臉色。凡老美反對的都是錯誤政策，要中共反對的行為才正確，不管是否因而帶給台灣危險。這是什麼邏輯？是什麼見解？

馬英九不能到北京大學演講，能不能到哈佛大學演講？總

統卸任就成了平民，不再享有刑事豁免權，任何犯罪都可依法訴追。憲法規定人民有言論講學遷徙等自由，我就不信在姚立明、周玉蔻等名嘴的鼓動下，立法院有能力訂出馬英九專用的旋轉門條款。

台灣不肖名嘴政客的無情無知，由此可見。他們瞎捧瞎批，心無定見，流風所及，社會不亂才是沒有天理。

我的過年賀詞

很久很久以前，當告別領壓歲錢的年代，我就對過年過節無感。無感指的是沒有特殊感覺，不期盼它來，也不惋惜它走。逝者如斯，不舍晝夜。

每天都是二十四小時，都在上演悲歡離合。好心情見悲亦喜，壞心情見喜亦悲，思緒主導個人如何看待世界。

盼望過年過節的歲月早就走了，現在每天都像在過年過節。人心不同各如其面，有的樂觀，有的悲觀，但全在一念之間。據我的觀察，不論老少，陽光滿面招人愛，愁眉苦臉惹人嫌。

因此，平時要多連絡，說些樂觀進取的話互勉，不要年節才傳賀卡和微電影應景，一次看太多傷眼。

祝大家天天快樂，天天過年。那些截圖的賀詞和影片就免了。哈哈哈哈哈哈哈！

我的病後感言

有些可治之病卻讓人了無生趣，重感冒就是一例。很久沒感冒了，想不到這次居然是「馬英九式的突襲」，臉還沒看清，病毒就已經和我纏綿十多天，直到昨天才完成交接離開。

不生病不知道什麼叫廢人。整天茶不思飯不想，全身酸痛，連靈魂都被禁錮在身體裡，沒有一絲飛揚的神采，卻又不像槁木死灰，每天都過得又臭又長。

病一好，人就還魂了。原來食物如此可口，冬陽如此溫暖，連久違的電視機裡的名嘴政客們都另有一番姿色。咦，只要放寬標準，他們也不是全無是處，不是嗎？

最讓我驚訝的是習大大，人家管著十三億多的人呢，怎麼就想到透過視頻給咱們台灣同胞祝賀元宵節的？他又不需要呆胞的票！這肯定有陰謀，我病剛好，一時想不明白，還請大家幫忙想想，以免我不小心中計，丟台灣的臉。謝謝各位！

台灣正為統一創造條件

如果我是習近平，我會對台灣政情非常滿意，因為所有紛擾都在為祖國統一創造條件，而他正穩坐釣魚台，坐收漁翁之利。

誰會想到中共將從民進黨手中，接受光復台灣的果實，而一雪百年屈辱？孫中山從事革命創建中華民國時，共產黨還沒出生。國共內戰隔海分治時，民進黨尚未成形，詎料時移勢易，民進黨不但承接了中華民國，還將實際終結中華民國，將台灣失土送回中華人民共和國手上。歷史之難料，由此可見。

主流清晰如畫，其他都是逆流，習近平根本不會把台灣的小打小鬧擺在心上，孫悟空哪裡逃得過如來佛的手掌心？因此什麼時代力量，什麼民進黨各派系的政治演出，都是雷大雨小的搶戲行為，不必當真，否則會覺得一團亂象。

歷史人物永遠是歷史人物，留與他人評說。死了就是死了，秦皇漢武千年功過又如何？孫中山不當中華民國國

父，他還是孫中山，當中華民國消滅後，他曾被尊稱為國父的史實，難道也因而消失了？

去孫中山，去中華民國，去中國都無損於台灣曾被割讓又回歸中國的事實。台灣不是無主物，更不是姚立明等名嘴所說的，是天然生成並且獨立的，是上帝的安排。宣稱擁有台灣主權的人，必須準備打領土戰爭才能確保，這是歷史的必然。一位長髮新科立委在立法院內宣稱他是台獨，一些小屁孩跟著鼓掌起鬨支持，台灣就此獨立了？我見過太多的瘋言瘋語，還沒有見過這種程度的，也算開了眼界，這種台獨值得擔心嗎？

當大陸和台灣話題沒有交集時，台灣只有聽命北京一途。理由再多，力不如人，最後都是廢話。勇敢的台灣同胞們，當你們擺出那種同手同腳的分「裂」式操演時，中華民國已經走向滅亡。戰爭不會發生，因為沒有真正的軍隊願意和你們這種水準的軍人打仗，甚至不願接受你們投降，大家解甲歸田，各自士農工商吧！

看到大選之後這些新台灣人的新民意表現，我為台灣感到高興。台灣真的太弱了，弱到激不起一絲危險。

蔡英文歷練不足　缺乏自信

我發現蔡英文不是空心菜，而是她真的沒有答案。學者性格讓她很容易蒐集各種資料，列舉各種方案，但她的歷練不足，沒有自信做出裁決，只好因循苟且。

領導魅力大半來自天生，領導能力大半來自培養，必須有魅力者加以計劃培養，才能產生真正耀眼的政治領袖。蔡英文離此一境界尚遠，她只是個鄰家女孩，學識不錯，氣質平庸，如何領袖群倫？

天下沒有不下決斷的政治領袖，嘴巴暫時不說，心中也要先有腹案。但蔡英文沒有，什麼都訴諸公決，顯示她遇事慌亂，好不容易做出的決定，又很容易變更主張。

後遺症已經顯現，她在統獨之間舉棋不定，又說不出何謂現況，當然不知道該將國家帶往何方？

蔡英文是個台獨，所有台獨的理論她都知道，但所有台獨的危險她也比誰都清楚。因此不敢喊兩個中國，又不願喊

一個中國，只好跟著馬英九的腳步，披著中華民國的外衣，把這一名存實亡的國家接下去。她希望馬英九不要改變現況，讓她順利完成政權交接，否則就是突襲。但馬英九的現況是一中，她的現況是兩中，一統一獨目前看來相同，但未來走向不同，豈能不生齟齬？

台灣的真正爭點，都是統獨爭議，是和大陸合一或和大陸分離？分離不是互不來往，合一也不是同一法制，而是透過談判做出政治安排，確保兩岸同胞的最大福祉。

當中共單獨訂立反分裂國家法而沒有世界強權聲援台灣時，答案就已經出抬。台灣只能和大陸站在同一邊，成為同一國。高興如此，不高興也是如此，還有其他路嗎？有能力或有必要獨立建國嗎？

台灣沒有天然獨。不知道兩岸歷史，才會有天然獨，因此該叫無知獨，教育兩周，考試兩次就懂了。台灣和大陸既然不可分割，從事分裂活動當然與祖國為敵，習近平真的處

置不了這些叛國分子嗎？天天在大陸高喊強國強軍，最後看著台灣離大陸而去，他幹得成總書記？成得了習核心？

選票是實力，鈔票是實力，武力更是實力，台灣有什麼實力拒統？現況變動不居，實力消長明顯，各位支持蔡英文的英派們，少給新科總統惹麻煩了，不必惹事生非挑動兩岸敏感神經，她還有三個月才就任呢，先讓她幹一陣子吧！

蔡英文就職演說　北京要如何審核

蔡英文當選了新總統，但中央政府似乎已經移到了北京，全世界都在等著看她 520 的就職演說會講些什麼？通不通得過習近平的審核？

台北的新總統就職典禮演說，能不能通過中南海習總書記的審核，比起馬英九如何卸任，蔡英文如何上台，政權如何無縫接軌，令人關心得多。因為習近平的態度沒人猜得透，而雙英順利交接則可預期。習近平成了中華民國總統交接典禮的熱門主角，還不必出席現場，誰說台灣自己的事，和大陸沒有關係？

這就叫形勢比人強，嘴巴硬沒用。為了瞭解習近平的審核標準，最近很多國人不但對國台辦發言人的吹風，豎起耳朵仔細聽，對中共外長王毅在美國智庫的發言，推敲是否有言外之意，還要猜測其中有幾成來自習大大的授意，實在太辛苦了。

誤判小習的話可不行，那會出大事的！哪像對台灣的領

導，要扭曲，要抹黑，隨意！民主國家就是這點好，民為主，官為僕，僕人為主人吞點委屈是看得起你。

從來沒有看過那麼多台獨分子如此自制，選前明明是台灣大陸一邊一國的，現在兩國不見了。選前要求把台灣是個主權獨立的國家，和中共互不隸屬表述得愈清楚愈好；現在憲法一中的模糊講法也行，只要不激怒並且騙得過習近平就 OK。他們期盼習大大不要脾氣大，有話好商量，台灣人就是歡迎大陸同胞到寶島來玩，要和大陸同胞好，這樣還不行嗎？

在我家，我就是習近平，一切劉老大說了算。心情好時弟妹都好過，感冒期間個個躡手躡腳，因此他們天天祈禱我腦袋清楚，無病無災。我則基於同胞之愛、骨肉之情，為他們謀福利、擋小人，倒也其樂融融。六十年如一日，沒有誰說過要離開。

治大國如烹小鮮，家事擴大即為國事。當台獨分子心中想

著分離，嘴巴卻喊著兩岸一家親時，會通過習大大的審核嗎？不想把他當呆子騙，又實在不願和他相處看他臉色，離開他就是了。難道離開會有不好說的危險？

我幹了這麼久記者，眼見台灣最近的重要政治新聞都來自北京，而我在中南海又沒有佈線，跑不到真正內幕，覺得有點力不從心。或許不該再以記者自居了，讓自己日子好過一些吧，管那些名嘴政客去胡吹！

共產黨正在緊縮言論

習近平正在緊縮言論，要求黨和政府的媒體必須姓黨，成為官方的宣傳陣地，很多人引以為憂，恐怕寒蟬效應跨海襲來，間接影響台灣的言論尺度。

要是在一年多前，我一定發文聲討，但現在我卻大力支持。習近平一定要堅持下去，寧緊勿鬆，在達成戰略目標之前，千萬不能放手，否則不但前功盡棄，而且後患無窮。

言論尺度易放難收，永遠有人挑戰禁忌。就像色情表演一旦開放露點，就很難再遮上。重鹹口味習慣之後，其他口味都嫌太淡，最後有損健康。

議論國政更是如此，台灣就是活生生的例子。我出自余紀忠門下，在黨禁報禁的威權體制時代，就在跑新聞寫評論。很多稿子要不是余先生開明理性，追求民主自由，根本見不了報。他為時報子弟扛了很多壓力，受了不少委屈，不了解的人還以為他享受著特權，我們圈內人才知道

他每天都在為國家進步而努力。

捍衛言論自由本來就是記者的天職，監督政府施政更是記者的義務，但有些新聞尚未成熟，有些新聞面臨取捨，是否見報以國家利益為依歸，這就是一代報人的有所為與有所不為。

但社會愈民主自由，新聞愈荒誕不經。尤其一年多前，我發現冤假錯新聞不但乏人把關，甚至成為主流。很多記者哪裡在為民伸冤，根本在為自己牟利。尤其一些所謂名嘴，扭曲真相，製造輿論，結合不肖政客，獲取不正利益。他們成為社會公害，卻包裝成正義化身，造成無辜者受害，就以言論自由卸責。

由於他們掌握話語權，能言善辯，久而久之竟成為特權階級。這些軟骨文人和偽君子為禍之烈，比威權體制猶有過之。威權政府如果一心為民服務，人民還可享受社會進步的果實；民主自由體制如果造成小人道長君子道消的局

面，卻很難回復。歷任總統在台灣的貢獻沒有人比得過蔣經國，但沒有人比他更專制。

社會正在迅速變異的關頭，需要穩定和效率。開明專制只要領袖確實英明，就是國家之幸，人民之福。當社會進步到一定程度，民主自由法治的需求自會迎面而來，到時隨著開放不但順理成章，而且水到渠成。

習近平不准共產黨員妄議國政，是當然之理。國政可議，但不能妄議。地方施政都不該惡意批評扭曲了，何況國政？

國政是國家的大政方針，本來就不是一般人所能深入了解，何況有些事情必須保密或保持模糊者，無需一一公開。像台灣這些不知天高地厚的名嘴政客，動不動就逼政府官員公開說明，否則就胡猜亂猜，往往導致計畫破局，一事無成。他們把為難官員當監督政府，壞了大局還誇耀自己的影響力，要是我掌權，早立法將他們下獄了，誰耐

煩理他們的言論自由？讓他們封口就是造福百姓，這是我一年多來的認知。

我沒想到當了一輩子言論自由的旗手，卻發表這種讓以前同業吃驚的言論。我是真小人，真的這麼想。不過有一點我並沒變，如實反映民情伸張正義者，我永遠聲援支持。我姓「真」，也姓「正」！

蔡英文比馬英九更能終結二二八

我認為蔡英文是命定的中華民國末代女總統，沒有她，無法真正終結二二八。而二二八是台灣在日據之後對大陸光復台灣的反抗，原因大致已經明朗，但此一歷史悲劇，不經蔡英文新總統善後，無法真正終結。她昨天一席話，勝過馬英九總統八年的道歉和救贖。

蔡英文昨天說，她將要求公開威權時期的檔案，也將召開「真相與和解委員會」，落實、修改和制定相關法律，讓國家有真相和正義，一起為這段黑暗的歷史，劃下句點，台灣才可以繼續向前走。

從李登輝當總統開始處理二二八事件到現在，開放檔案、追查真相、進行賠償、立碑追思等工作一直都在進行中，陳水扁是，馬英九是，直到蔡英文。馬英九做得最辛苦，誠意十足，挨罵連連，孫中山、蔣介石都可連結上他，雖然他在香港出生，台灣長大。

他尤其是外來政權的頭號代表，當過中國國民黨黨主席和

中華民國總統，悲劇發生時他還沒出生，但原罪必須繼承，他也甘之如飴，但永遠得不到赦免，追思會一定有人向他嗆聲。

還好蔡英文當選了新總統，才有可能真正終結此一大時代發生的悲劇，讓台灣同胞迎向未來。這是人的不同，發言效果迥異最明顯的例子。

其實蔡英文真正可做的事情不多，因為該做的大概都已經做了。還有真相被隱瞞嗎？還有受害者未賠償嗎？但撫慰心靈和勸大家忘掉仇恨的工作，誰做起來功效都不如她，她只要心存善念，把正能量傳播出去，就是功德一件，千萬別錯過了。

看出來馬英九為什麼不如蔡英文了吧？他上次總統大選擊敗過小英，但這次小英卻把國民黨打得潰不成軍，她的政見有比較高明嗎？沒有！國民黨做不到的她其實也很難做到，有些施政還會更差，但有什麼關係？面對習近平

才是她最重要的課題。就此而言，她依然比馬英九適當，因為她的任何兩岸決定，都比馬英九更讓台灣同胞相信，而她正追隨馬的腳步亦步亦趨！

內憂外患　小英無法展翅高飛

國民黨已因敗選而崩潰，民進黨卻因勝選而崩潰中。馬英九連任之後才跛腳，蔡英文尚未就任就將跛腳，台灣的民主政治因此而成為世界奇蹟。

我選前說過，蔡英文一定會帶領綠營大勝，但會後悔當選，如今正在應驗。上天開她玩笑，讓她因緣際會趕上此一風潮，成為第一位女總統，但她卻不是適格的政治領袖，無法掌控全局，其實非常可憐。

才勝選一個半月，離就職大典還有兩個月半，她就已經搖搖欲墜。

目前沒有什麼立委把她交代的話放在心上。民進黨的葉宜津、高志鵬、陳其邁等人，不理她所說的敏感性提案要先交由黨團充分討論後，具戰略價值才可提出。先後自行提出年花一千五百億的錢坑案，廢除國父孫中山遺像案，和侮辱二二八真相處罰案，搞得怨聲四起，全台大亂。

她選前一手扶持，打算作為側翼盟友的時代力量五立委，

更是故意和她作對，高唱台獨，將兩國論入法，挑動兩岸敏感神經。連她的家人都不考慮她立場，捲入生物科技股票牟利，毫不避嫌。她今後如何有效領導，律己責人？

威嚴一被戳破，很快就顏面無存。民進黨多數立委都是戰鬥出身，自有生存之道，不需要看她臉色。行政官員雖然要靠她安排職位，但眼見她未就任先跛腳，真有能力者也興趣缺缺。加上一個柯文哲，已經擺出和她競逐下屆總統的態勢，和她大搶新聞版面，她要如何順利幹完即將到來的四年？

面對習近平的強勢，她不敢喊獨；面對台獨勢力，她不敢喊統。她已經喪失了馬英九「不統、不獨、不武」的國際環境。國內事務舉凡經濟、年金、財稅，能源、轉型正義等，沒有一件好處理，加上天空佈滿見風轉舵、趁縫插針的輿論禿鷹，小英啊小「鷹」，妳要如何展翅高飛？

什麼叫做一個中國？

本來想休息幾天，讓讀者將已 PO 的兩岸文章消化一陣，但眼見一些專家學者和記者名嘴，對兩岸交往的審核尺度各自解讀，有些已到了一廂情願的地步，只好再說清楚。

兩岸是敵是友，往來要開紅燈或開綠燈，全看習近平的態度。王毅、王志軍可以各說一段，舉例不同，但他們都必須看習大大眼色行事，和他心意相通，否則非下台不可。

習近平的態度堅定而清楚，就是兩岸同屬一中，亦即承認九二共識。中華民國和中華人民共和國都是一個中國的信徒，爭的是一中的天下。國共兩黨可以兵戎相向，可以打打談談，但不會把台灣和大陸視為兩個國家，希望隔海分治。

反攻大陸是一中，解放台灣是一中；認同一中是骨肉，主張台獨是叛徒。因此習近平強調承認兩岸一中，一切好談；否認九二共識，地動山搖。

統一的前提必須是一國；兩國無法統一。國與國的戰爭是

國際事件，會引發國際干預。尋求主權完整和領土統一是內政問題，其他國家不能介入，只能勸和。

中華民國因國共內戰而退守台灣之初，雖然中共建政，但依然在聯合國代表全中國，以台灣的彈丸之地，繳交包括大陸在內的巨額年費。

在國際上中國一直存續，有一把安理會的椅子，先坐著中華民國的聯合國大使，後來改由中華人民共和國大使取代。椅子未變，大使換人。就像 520 之後，蔡英文坐上馬英九坐了八年的「龍椅」，雙方無縫接軌。

民進黨既然接替了國民黨，當然也承接了國民黨承認九二共識的政策，沒有獨立建國的理由和本錢。要改變現狀，必然發生危險。

我年輕時聽那些黨外人士在選舉時說，台灣不反攻才安全，因為天下沒有我們不打共匪，反而比要打他們更危險

的道理。那時深覺有趣有理，但現在知道正好相反。不反攻要建國，更容易把台灣置於險地。

蔡英文只要不承認兩岸同屬一中，否認九二共識，一定會逼習近平動手。山怎麼動，地怎麼搖隨他高興。何時統如何統他也不急，反正還有七年任期。中共國力日強，軍威日盛，他不但是總書記還是習核心，十三億人口正在向他看齊，解決台獨如探囊取物。

我不是長他人志氣滅自己威風，實情難道不是如此？蔡英文對上習近平根本毫無招架之力。她只不過總統兼任黨主席，就被批成黨政一把抓。我看不出她抓了什麼了不起的權力，有什麼大咖真正把她放在眼裡。

蔡英文找不到真能支持她走往獨立的力量，當然只好隨著馬英九和習近平搭好的兩岸之橋前進。曾經支持她高票當選總統的人，必須一本愛護她的初衷，繼續當她後盾，不可棄她而去。

駁名嘴口中的轉型正義

今天說一件事，罵一個人。罵的是偽君子胡忠信，說的是轉型正義，兩者密切關聯。

我在新書《兩岸一本正經 —— 終極統一之路》中，把胡忠信罵得狗血淋頭，他大氣都不敢吭一聲，讀者大悅。不過有人勸我，不要給他太多篇幅，否則反而提高他的身價。不料我一不理他，他竟以為風頭已過，愈來愈不要臉。

胡忠信在選前散播國民黨黨產不實消息挨告後一審敗訴，此後幾乎天天利用電視節目為自己辯護，並揚言獵殺黨產，要讓黨產歸零，讓國民黨從宇宙消失。

他和泛綠陣營合作，為一些立委候選人站台，也為蔡英文拉票，條件就是以轉型正義為名，清算沒收國民黨黨產，雙方一拍即合。國民黨敗選後，他們目前正在履行條件。

民進黨立法院黨團下周將提出「轉型正義促進條例」草案，在總統府下設置轉型正義委員會，以溯及既往的方

式，沒收國民黨的不當黨產。黨產當或不當，有沒有違法，居然不必經過司法審查，由法官裁判認定，而可以在總統府創設一個新的機構，聘用非法官人員決定，這種見解，根本違憲，是最不正義的行為，配談什麼正義轉型？

正義是做對的事。爭執雙方都自認自己對而別人錯時，當然交由法院裁判。司法裁判首重獨立，政治力量不能干預，否則司法就死了！這麼基本的憲政原理都不懂，比大陸文化大革命時的打砸抄家還不如。

其實經過戒嚴統治時期的台灣人，大概都知道國民黨黨產是怎麼一回事。兩蔣時代，黨國一體，不但黨庫通國庫，財產互通，還黨職通公職，人員互換，和現在的大陸體制像極了。報效黨國就是為民服務，當年都合法，也分不清。

以早期國民黨海工會為例，留學生拿國民黨獎學金出國，結合海外僑胞從事諜報工作，既為黨也為國，經費由黨出

或由使舘出都一樣，一切以方便隱匿為主。有人犧牲了，棺木同時覆蓋黨旗和國旗，奏樂致敬那首歌，既是國歌也是黨歌。當時不但合法，而且尊榮。現在時空雖然不同，但能以迫害海外台獨人士名義，追繳其遺屬撫卹，把正義轉型嗎？

轉型正義必須清楚定義，不可輕易轉昨是為今非。在野黨奪得政權之後清算下野的執政黨，是製造仇恨撕裂國家，是轉型不正義，是錯誤的行為。

民進黨即將在立法院以強硬表決推動通過的「轉型正義促進條例」草案，是以政治力量藉司法手段解決政黨恩怨，國民黨必須提出釋憲加以攔阻。真的還有自認不當的黨產，當然必須拋棄或捐獻；如果沒有，則應該全力捍衛。政黨如果下野連合法黨產都保不住，如何圖謀再起，保護民眾生命財產安全？有何面目存在於天地之間？乾脆解散算了！

兩岸站在同一隊伍　望向同一方向

看問題必須從大局出發，以蒼生為念，才是英雄人物。

蔡英文有機會成為偉人，端看她如何取捨。

總統大選過後我又有新的領悟，雖然在選前就知道她是命定的台灣領導人，但為何如此卻一知半解，直到現在才愈來愈清晰。

習近平是英雄，不需要我吹捧。我不認識他，但感受得到他確是一號人物。一旦我看錯，就退出公共論壇向大家謝罪。

習近平現在的問題反而是公開拍他馬屁的人，多如過江之鯽，用詞令人反胃。我相信他也不希望如此，而且能辨忠奸。

習近平目前確實大權在握，但也注意到民主和人權；就像蔡英文一反前諾，兼任民進黨黨主席，目的在利於施政，不在自己擴權。

我支持馬英九無怨無悔，雖然他有很多做人做事的方式和我南轅北轍。我以前不支持蔡英文，卻對她充滿善意，因為感覺她很可憐。但今後我會支持她，如果她化獨為統，和大陸真心合作，而不採對抗政策。

台灣和大陸對抗毫無勝算，而且隨時會發生危險。與其整天怒目相向，或是委屈求全，何妨轉個身，站在同一隊伍，望向同一方向，風景立即改觀。

台獨就是對抗，統一就是合作，一國兩制是最好的選擇，理由我在《兩岸一本正經——終極統一之路》的書上已經一說再說，在此不再重申。

習近平昨天已經說了，兩岸同胞是一家人，必須互助合作，共赴民族復興大業。這麼善意的建議，為什麼不仔細研究，深入查考，非要將他解釋成包藏禍心？

習近平的善意，是台灣的機會；如果真是惡意，台灣也無

力反擊。現在的年輕人不瞭解國共恩怨、兩岸歷史，而害怕統一；一旦瞭解共黨的演變，大陸的進步之後，自然願意兩岸融合，在世界最大的舞台上展現長才。

不會有台灣青年願意打仗的，尤其是他們的父母；大陸同胞也不願中國人打中國人。因此，追求和平是兩岸領導人最高的道德。

不負責任的名嘴政客們，不要為了你們自己的利益，睜眼說瞎話，散播獨立可以避戰的不實言論，你們承擔得起兩岸真正開火的責任嗎？

蔡英文太瞭解兩岸的真實狀況了，她有她的管道，否則不會跟著馬英九的腳步，躲進中華民國的保護傘，拿國旗，唱國歌。

選舉已經過了，蔡英文尚未就任就已經飽嚐當家之苦。如果 520 的就職演說，她選擇和大陸合作，國民黨要支持

她，民進黨更要當她後盾。她是泛綠的共主，只會愛台不會害台的。國民黨則要一本初衷，支持她不獨立不反中的改變，把選舉恩怨拋諸腦後。

選舉是一時的，民眾的利益才是永遠的。不只兩岸必須以合作代替對抗，台灣藍綠更不能陷入內鬥內耗的循環，必須和解共生，後代子孫才有更光明的未來。

劉老大批《正晶限時批》

限時批彭文正、李晶玉這對政論節目主持人!

彭文正原先是台大新聞研究所教授,李晶玉是他老婆,原是電視新聞主播。兩人目前在壹電視共同主持一周七天的政論節目,而壹電視已由黎智英賣給了年代新聞台的老闆練台生。

此節目各取夫妻名中一字,叫《正晶限時批》。「限時批」字義是即時新聞的批判,用台語來說是限時信。台灣話「信」的發音和「批」的發音相同,限時意思是快速,為了突顯他們取名字的智慧,節目最後會出現一封信,另用文字向觀眾教誨。

彭文正在台大授課期間,喜歡言教身教雙軌並進。除了批評時政,更不吝參與社會運動,如反旺中、反媒體壟斷等,例子不勝枚舉。

彭李兩人夫妻合體的政論節目,已經超過三年,主持費收入超過新台幣三千萬。彭文正鬧過台大教授辭職風波,和

老闆練台生也因慈濟關說案分而復合。他常成為新聞事件的主角，卻強調堅守媒體人的角色，讓圈內人因而紛紛搖頭。

媒體人最忌角色錯亂，由第三者成為當事人。因為一旦成為事件當事人，很難公正客觀報導新聞事件，更無法做出適當評論。我當記者時，余紀忠先生就此一再殷殷教誨。

這次發生的憲兵濫權搜索民宅案，令人匪夷所思，各政論節目紛紛聲討軍方，立委不分藍綠爭相提出質詢，並在立法院召開記者會，希望有更多亮相表演的機會。

台灣立委早有搶麥克風、搶鎂光燈的陋習，但沒想到這次出面搶得最凶的居然是號稱彭Ｐ的彭文正，像極了口不擇言的台北市長柯Ｐ。不過柯文哲是政客，彭Ｐ卻以新聞良心自居，兩者不可相提並論。

彭文正因夫妻同為政論節目主持人，認識不少互相拉捧各

取所需的名嘴政客。其中最相信他而讓他三分者，就是時代力量那幾個菜鳥立委。

據聯合報報導，彭P主動要求時代力量讓他以「第一屆檢察官評鑑委員會」發言人的名義列席他們召開的記者會。記者會一開始，只見他反客為主，搶了菜鳥立委的麥克風，連珠炮質疑在場的軍方官員，時間被他一人佔掉一半不說，他還將現場錄影拿到《正晶限時批》節目播放，讓觀眾欣賞他精彩的「質詢」表演。菜鳥立委遭到彭P如此突襲搶光，只能尷尬苦笑，不知如何是好！

最可惡的是現場挨批的軍方官員誤以為他也是新科立委，一路稱他為彭委員，他竟居之無愧，不解釋也不更正，讓傻傻的阿兵哥軍官們，信以為真。

彭文正如果想在立法院耍威風或開記者會，就自己下海選立委，選上了要提案要質詢隨他高興。如今明明是個假立委，卻在立法院內菜鳥立委的場子，搶真立委的風頭，這

成了什麼世界？

台灣的政論節目出現彭文正這種節目主持人，真丟媒體人的臉。他入戲太深也自我膨脹太過，和老婆每天都在《正晶限時批》節目裡批判別人。這次換資深媒體人劉老大批他們一批，並用限時加掛號送達，讓這對夫妻也嚐嚐挨批的滋味！

政壇不應還有宋楚瑜的角色

蔡英文開始進行國內政治之旅,首站和親民黨永遠的黨主席宋楚瑜見面。目的在尋求泛藍泛綠共識,並為新政府訪查能員。

馬英九四年前競選連任時,如果聽我在政論節目中最先提出的建議,讓宋出任閣揆,宋不會自行連署參選總統,落選得那麼難看。他則會大幅領先蔡英文,執政較輕鬆。

俱往矣,多說無益!這次雖然宋楚瑜敗得比朱立倫好看,蔡英文又給他面子,待他如國師,但依然不會讓他組閣。同屬泛藍的馬英九,四年前都不給他當行政院長了,身為泛綠共主的蔡英文,又怎麼可能放心讓他當閣揆?

蔡英文如何組織新政府,在習近平眼中一點都不重要。誰當陸委會主委,誰出任海基會秘書長,只要能真正代表蔡英文,大陸都只會贊成,不會反對。因為馬習會之後,兩岸最高領導人已經親自握手搭橋了,台灣政權換手,只要一仍舊貫就行了。蔡習會不會?如何會?才是重點和目標。

蔡習會的前提要件，是承認九二共識。習近平已經拍板定調，不承認九二共識不僅沒有蔡習會，而且會讓台灣地動山搖。蔡英文必須在 520 的總統就職演説中公開表態，否則就喪失最後機會。

我一直希望蔡英文接受習近平的善意，但由民進黨內部的言論和意見看來，台獨的勢力太大，蔡英文根本做不到公開承認兩岸同屬一中。

這就成了艱困之局。兩隻羊過獨木橋，總要有一隻退讓才能通過。難道蔡英文不退要習近平退嗎？這不可能吧？

民進黨很多人認為只要維持現狀，大陸不會動手；我的看法正好相反。不承認一中就是改變馬習會的現狀，拆馬習會搭建的和平之橋，習近平不動手豈不成了馬英九？他會因此陷入執政危機。

我希望習近平如果非動手不可時，應採取循序漸進的方

式，不可激烈逕行武統，逼出承認九二共識就行了。畢竟兩岸只要共同反獨，就是望向同一方，站在同一國。相互交流瞭解，達成心靈契合是要花時間的，不可呷緊弄破碗，欲速則不達。

習馬蔡各自努力　華人才有未來

要打開蔡英文身上的台獨死結，讓她承認九二共識，走上兩岸同屬一個中國的交流之橋，有待習近平、馬英九、蔡英文三人各自努力，事先不必配合，自有圓滿結果。

這是相當弔詭的現象，或許是所謂的國運或天命吧？

台灣的國軍從洪仲丘事件引發太陽花學運之後，不論形象戰力都急速下墜，至今仍風波不斷，尚未落底。比起大陸人民解放軍的大閱兵大整頓，戰力蒸蒸日上，有等於無。因為一弱一強不能打，也打不起，否則如同驅羊飼虎，會引發人道爭議。

偏偏台灣新總統是個沒當過兵的富家女，這種三軍統帥如何對抗吃苦出身知將知兵的軍委主席習近平？

蔡英文打不過習近平丟臉嗎？一點也不！她屈服在他的地動山搖之下，難道不是為台灣民眾生命財產安全考量的最佳選擇嗎？避戰會讓她的民意支持上升，宣戰會讓她被大家罵死。

不過選擇避戰的前提是要真有戰爭才行，就像放颱風假必須風急雨驟才有放假的正當性。一旦宣布放颱風假，卻細雨綿綿微風拂面，那就慘了！

台獨分子揚言，他們可以為國家獨立和人民尊嚴戰死沙場，不會在文攻武嚇下接受屈辱的和平讓利。「豬每天都被餵得飽飽的，但勇敢的台灣人不是豬！」

為了避免蔡英文因懼戰投降或被騙屈膝而民心盡失，習近平必須瞭解台灣的民情和蔡英文的難處，在 520 之後真給台灣一個颱風，讓蔡英文有放颱風假的正當理由。他實踐了地動山搖的諾言，也幫蔡英文的台獨之結解套。

至於如何重回兩岸同屬一中的馬習共識軌道，則應由享受卸任總統禮遇的馬英九居中協調，努力奔走。

劉老大認為，馬習蔡三人不必串通，各自做他們認為對的事，結果反而會圓滿。三人都有資格獲得諾貝爾和平獎。大家以為如何？

馬英九出訪　劉特首功成身退

高度一旦不夠，局勢就看不清楚。馬英九很快就下台一鞠躬了，為什麼還要出國去訪問？

原先我也覺得沒有必要，後來我認為還是去好。因為中華民國需要有外交國，二十二個雖然少，雖都小，還是有比沒有好。因為一個外交國都沒有的台灣，連中華民國都稱不上，只能算是個台灣島。台灣島和大陸同屬一中，兩岸豈不立刻就法理統一了。

馬英九在 520 交接前，還是中華民國總統，他以小欺大，讓習近平以大事小，在新加坡的馬習會上和他平等尊嚴地見了面。接著以元首身分赴太平島宣示主權。後天則要出訪中南美洲友邦。這些綠營人士痛罵，並批其為突襲的行動，其實也可以解釋成他一直在維護中華民國的國格，直到政權交接當天。

馬習兩人惺惺相惜，台獨人士氣得要命，因此逢中必反，也逢馬必反。馬童鞋快卸任了，才不管外界批評，強硬行

使憲法職權，希望幫蔡英文鞏固邦誼，直到最後一天。

可以預見的是，520 的新舊任總統交接典禮，馬英九交給蔡英文的邦交國一個不少，領土（包括太平島）一塊不缺，還多交一座馬習共建的兩岸和平交流之橋。蔡英文接手後如果領土少了，邦交國跑了，兩岸和平之橋斷了，那可是蔡總統的責任，不要怪到馬前總統身上。

我一直認為綠色執政不會強過藍色執政，不信大家等著瞧。一旦風急雨驟，還必須求馬童鞋伸出援手。習近平在台灣最信任的朋友是誰？大陸同胞最喜歡的台灣政治人物是誰？答案都是馬英九。劉老大沒有做調查就給出這個答案，有誰敢反對！

我還可以預測，馬英九童鞋一定是北京今年 11 月 12 日擴大紀念孫中山 150 周年誕辰紀念日的座上客。他見到國父遺像就鞠躬，六十多年如一日，其恭敬和虔誠，華人世界首屈一指，習近平不找他共襄盛舉要找誰？

劉記者喜歡預判時事，絕不當事後諸葛。各位板凳，你們看出劉老大和那些不肖的名嘴政客有什麼不同了嗎？

由於階段性任務已經完成，劉特首決定功成身退。讓我們大家最後一次呼口號向他道別：劉特首萬歲！萬歲！萬萬歲！！

台灣獨立　會點燃兩岸戰火

看了今天聯合報有關兩岸統獨的民調，我腦中浮現大陸台灣兵戎相向的畫面。唉！民意如此，天意難違，身為記者也只能據實報導了。

如果沒有美日的幫忙，國際的干預，台灣的國防武力，不堪大陸一擊。台灣有那麼多人想脫離大陸，卻不肯當兵為獨立建國流血犧牲，這是什麼心態？想創造什麼奇蹟？

蔡英文是民選總統，只能代表主張台灣獨立的多數民意。她是兩國論的原創者，要她在總統就職典禮上公開宣稱兩岸同屬一個中國，她如何說得出口？

習近平是中共最高領導人，集黨政軍大權於一身，他既然一再宣布，台灣不管尋求哪種型態的獨立，都要付出地動山搖的代價，蔡英文不回到一中軌道，他如何能不開火？

代表台灣民意的蔡英文總統和代表大陸民意的習近平主席，一旦宣戰，會有什麼結果？那還需要我說嗎！

其實我比較想說的是，既然打的結果大家都知道，乾脆就不要打了，弄個兵推比劃比劃，弄個軍演嚇嚇大家，雙方很快就進入和平談判算了。

試想，一旦大陸向世界宣布，520當天開始在中國台灣附近海域，進行三軍聯合作戰演習，由於發射實彈和導彈，來往船隻飛機應避開演習區域，以免誤擊。台灣經得起這種封鎖嗎？中共隨時可以化演習為戰爭，台灣抵擋得住解放軍強大的攻擊武力嗎？

我不認為蔡英文會接受習近平兩岸同屬一中的提議，也相信得不到善意回應後的習近平一定會出兵。我只希望習近平能手下留情，見好就收。演習雖然形同作戰，畢竟中間仍然存有距離。

台灣不可一代不如一代

我對蔡英文找誰組閣的治台問題毫無興趣,只關心她如何處理兩岸問題。

台灣如果和大陸對抗而非攜手合作,每天光忙著思考「中共謀我日亟,應該如何處置?」就已經人仰馬翻,不知所措了,哪有時間精神顧慮到其他政經法案?

林全組閣根本不是亮點,各部會首長的才幹經歷,也不會超過馬政府或扁政府時代的人才。馬、扁兩人把國、民兩黨的菁英折損大半,陣亡的加上時間淘汰過於迅速,使得蔡英文政府的人才青黃不接。不是找老人回鍋,就是讓培育尚未成熟的新人匆促上陣。

在我記憶中,早期購物多用布袋,後來用紙袋,現在則用塑膠袋,結果是塑膠袋不如紙袋,紙袋不如布袋,一代(袋)不如一代(袋)!

政黨輪替,改朝換代,結果執政人才由紙袋換成塑膠袋,

一代不如一代，這才是台灣人真正的悲哀。

更大的悲哀是蔡英文否認了馬習會所共同承認的九二共識，打臉馬英九和習近平兩位領導人。馬英九即將下台，也被打臉慣了，影響不大，但習近平卻不同，不可視若無睹。

習近平在大陸人稱習大大，是擁有超過十億粉絲的男人。劉老大比他大四歲，偶爾托大在文章中叫他一聲小習，都有我的粉絲私訊給我，大罵山門。蔡小英否認九二共識，公然打習大大的臉，習鐵粉不打上門來才怪。

蔡英文的心思必須先放在消除兩岸緊張關係上面，先承認九二共識再談其他；否則等到習鐵粉打進門來，所有施政計畫，都是空談！

蔡英文當選將考驗習近平智慧

對國民黨而言，蔡英文是最強的對手，所以她在總統選舉時大獲全勝。

對共產黨而言，蔡英文卻是最弱的對手，因此她只能在就職之後，由台獨先鋒變成反獨旗手。

蔡英文為了台灣百姓的安和樂利，非改變態度不可。她要避免台灣陷入戰火，只能在中共的威迫下屈膝服軟，把兩國論拋諸腦後，承認兩岸同屬一個中國。這是正確的選擇，也是最好的結局。

我從去年的文章到目前為止，都是沿著上述主軸論述。原先有人看不清楚，如今政權即將輪替，蔡英文也將交接馬英九的兩岸政策，遵守登上「馬習橋」的交通路線和交通規則，大家愈看愈清晰。

如果不是中共強國崛起，如果不是台獨勢力高漲，如果不是國民黨被打得潰不成軍，如果不是美國重返亞太，如果

不是國際局勢風雲變幻，如果……。

如果沒有這麼多的如果，蔡英文怎麼會被逼著要在520當天表態？在統獨之間抉擇？

520當天是蔡英文總統「登基」的大喜之日，她以台獨共主姿態奪取大位，發表台獨演説必然帶來戰火，發表反獨宣言必遭同志譴責。如何刀切豆腐兩面光，真是妾身千萬難！

不過台獨問題總該處理。由蔡英文代表台灣和代表大陸的習近平談判，是最適當的人選。讓習近平自己挑，都挑不出比蔡英文更弱且更有代表性的對手。他如果不能讓蔡英文重回一中軌道，我看該換他考慮去留了！

蔡英文不可成為大說謊家

我只要分析兩岸強弱，論說台獨必然給台灣帶來危險，就會有人罵我在幫中共打恐嚇牌。

我恐嚇台灣幹什麼？反分裂劃紅線的是中共，揚言否認九二共識必將地動山搖的是習近平。身為資深記者，聞到這股濃濃的火藥味，都不能提出預警，台灣還有言論自由嗎？

我總覺得戒嚴時期的台灣比起目前的網路世代可愛多了！以前是非分明，長幼有序，朋友情義相挺，敵人直來直往。哪像現在懦夫裝英雄，小弟充老大，兒子打爸爸，學生罵老師，全都亂了套。

台灣正在自尋死路。剝奪軍人尊嚴，卻要他們奮勇殺敵。不願投身軍旅，卻想獨立建國。鼓舞反中情緒，卻要中共讓利。本身不爭氣，卻怪對手欺壓。名嘴政客天天散播不實消息和偏頗言論，吸引無知大眾跟隨，竟然以轉型正義者自居。

蔡英文選前常罵國民黨故意說謊，「裝睡者永遠叫不醒！」

現在我要告訴蔡英文和泛綠陣營，你們才是大說謊家。「裝睡者永遠不必叫，因為你們一直都醒著！」

火藥味當然不是只有我聞到，否則蔡英文和支持她的名嘴政客不會這麼快就對兩岸問題噤聲。沒有人像以前一樣用力罵共產黨嗆習近平了，頂多罵到國民黨，嗆嗆馬英九。追殺潰敗的政黨和即將卸任的總統算什麼英雄好漢？對台灣未來有什麼實質幫助？擺平習近平才能帶領台灣向前行，不是嗎？

別裝睡了，各位台灣的新領導們！你們雖然閉著眼睛但心裡有數。把實情公諸於眾，並提出你們520執政之後，解決兩岸烽火的對策吧！

習近平正在形成颱風

習近平颱風正在形成，預定520當天登陸台灣，唯一能破壞颱風結構，或讓颱風轉向的武器是「九二共識」。

形成這個颱風的低氣壓從西非的甘比亞開始，由於可能變成有史以來威力最強的暴風，讓台灣及其附近島嶼地動山搖，正吸引全世界關切台海安全人士的眼光，希望減少人員財產損傷。

以上是我對蔡英文總統就職當天，沒有宣告兩岸同屬一中的氣象預測。颱風指的是動用武力，因為按照目前的台灣氛圍，北京認為動之以情，訴之以理，都無法改變執政新團隊的台獨意志，只好逼之以武。

其實習近平對蔡英文就職演說的要求不高，只要她承認海峽兩岸同屬一個中國就行了。歷史如此記載，國際如此認定，連中華民國憲法都是一中憲法，中華民國政府施行一中政策，蔡英文豈能在當選總統，依憲法宣誓就職後，立刻違背憲法和誓言，把台灣和大陸切割成兩個國家。

中共選在 318 太陽花學運兩週年前夕和甘比亞建交，是教訓台灣給香港看。香港反中的社會運動，很多來自台灣的教導。太陽花學運領袖林飛帆、陳為廷等人，甚至親臨香港現場指揮，成為英雄人物。如果這次 520 習近平成功壓制了隔海的台獨勢力，對香港反中仇中的異議分子，是活生生的教材。

台獨勢力比港獨大太多了，又和大陸隔著台灣海峽，如果最後都不得不服從北京中央，會是香港安於一國兩制的最大啟示。香港已經回歸二十年，和大陸土地相連，還有解放軍進駐，有什麼能力向祖國叫板，進行動亂？

北京當然知道民進黨不太在乎邦交國留有多少，只在乎和美日的實質外交如何。一些台獨人士甚至揚言，印有台灣字樣的中華民國護照，幾乎免簽證通行全球，比中共的中華人民共和國護照還好用，黑市價格更高，二十二個友邦就算雪崩式斷交又如何？既不影響個人收入或旅遊，反而減少國家敦睦邦誼之支出，因此最好全斷光。

外交施壓既然是對蔡英文新政府最無感的方式，為什麼中共還是用了？因為這是對台灣影響最小，卻是信號最清楚的起手式，全世界都可以從此一建交事件獲知，習近平懲罰台獨的地動山搖專案已經開始。蔡英文還有兩個月時間考慮接受九二共識，否則低氣壓形成颱風後，會有各種政經手段相伴而行，威力將一路走強，直到揮動武力大棒為止！

中共 318 前夕和甘比亞建交，還有不少意義隱含其間，為免囉嗦就不說了，我只指出其中明顯傳達的訊息，供大家參考應變。至於蔡英文會不會提出獨門的九二共識武器防颱，全在她的一念之間。

血性漢子白中琪

我想介紹一位好朋友，他名字叫白中琪。如果台灣人都像他，兩岸同胞的心早就連在一起，成為骨肉兄弟。

白中琪最近做了一件令人感動的事，資助九位家住四川的抗戰老兵來台謁靈，完成他們死前見蔣委員長最後一面的心願。我知道新聞報導未具名的上海台商果然就是他之後，傳了個簡訊：中琪，你這次的功德太大了，佩服，佩服。

我喜歡結交熱血漢子、英雄人物，白中琪是其中之一。他比我更了解兩岸，默默為國家做了不少事。

兩年多前，他透過時報友人約我聊天，希望我能賣他二十本《江湖一本正經》的書送人，該書已絕版，只好找上作者本人，希望還有存貨。

我們一談，相見恨晚。我 1989 年到大陸採訪，他 1993 年到上海經商。白中琪不像商人，更像文人，雖然高頭大馬，卻溫文儒雅。

白中琪在台灣已經念過中央大學和研究所,到上海又去念交通大學研究所和中歐管理學院 EMBA,現在還在復旦大學研習。念書成為喜好,不是一般只會專心拚經濟的商賈。

他做生意也很有品味。早期賣機械和化學商品,後來經營高端旅行社,跟著有水準的團員玩遍全世界。這次安排坐輪椅的抗戰老兵來台參訪,白老闆全程跟隨,一路都在掉眼淚。

中琪是軍人子弟,愛國是從小培養的信念,喜歡蒐集抗戰史料,在大陸卻以中華民國利益為優先,用私人身分幫馬政府和中共談判,解決不少諸如北京奧運聖火傳遞、上海世博台灣館用地等敏感問題。他現在更希望促成達賴和中共對話和解,讓全球華人團結,格局大如天。

我在大陸的朋友,不論是台灣或大陸當地人,如果真有委屈我都轉介中琪設法解決,結果大家都很滿意。因為他正派公平有學問,受到各單位敬重,說話分量當然不同。

現在很多不了解史實的天然獨和天然統相互仇視，看在我們這種早期就在兩岸行走，並在台灣大陸都有一些影響力的人眼裡，憂心如焚！中琪和我都是台灣人，也都是中國人。知道對日抗戰才能光復台灣，國共內戰卻又讓兩地分離，這些民族的不幸和歷史的悲劇，有待後人努力修補，而不是在傷口灑鹽。

國共兩黨正視抗戰史實，希望共修歷史，是正確融合兩岸的行為。民進黨執政後，千萬不能扭曲歷史，竄改課綱，成為民族罪人。

我的朋友白中琪，這次把九位九十多歲的抗戰老兵，從四川招待到台灣慈湖、忠烈祠等地，向他們當年的委員長和戰區長官英靈致敬，是告別過去悲慘歷史的感人儀式。

老兵們說，這次台灣行讓他們完成了最後的心願，可以死而無憾了。老兵無憾，但台灣有憾。只要台獨勢力仍在滋長，就有待「白中琪們」共同努力！

兩岸僵局的解決方案

就目前的狀況看來，要壓制台獨勢力，中共必須先讓子彈飛一飛，讓颱風吹一吹，否則無法解開兩岸分屬兩國的僵局。

蔡英文的作法是團結台灣多數民意，對抗習近平兩岸同屬一中的威逼。她一旦承認一中原則，就出賣了獨派的多數民意，總統之位岌岌可危。

雖然蔡英文對內無法掌控全局，但對外卻是台灣惟一合法的代表。台灣是她，她是台灣。欺負小英，就是侮辱台灣，只會加深民怨，無法收攬民心。

要讓蔡英文說出兩岸同屬一中，必須有她不得不說的原因。她是為台灣整體安危考量，不是為了自己個人利益和前途。

台灣目前只擔心武力統一，不在乎文攻武嚇。因為李登輝曾在美國的幫助下，安然度過文攻武嚇的台海危機。武力

統一的結局，台灣必然是戰敗的一方，但台獨卻賭它不會發生，認為至少有五成勝率。

蔡英文明顯採取不挑釁、不對抗、零意外的方式，拖延中共促統時程。她如果能拖過520而不承認兩岸同屬一中，代表她這次打敗了習近平，獨派戰勝統派，取得重大勝利。對一再劃出紅線的中共政權，這是無法承受的災難，因為話已經說死，封了轉圜的空間和退路。小英可以輸，習近平不能敗，這是世界共識。

我的看法是，習近平不可能顧慮台灣民意而更改底線。站在中華民族復興的更高視野，光復台灣採一國兩制治理，是惟一的選擇。因此只能進不能退，才能打開僵局，找到出路。

究竟蔡英文不回應一中原則後，台海會不會有戰事？我的答案一直都是會！只是規模大小，損害如何而已。但願雙方領導人都比我有智慧，不要讓我的預測成真！

反中仇中都在害台

台獨主張成為台灣主流的原因是因為無知。很多人把傾中賣台當成口號喊，卻不知道傾中才是愛台，反中仇中都在害台。

從歷史和地理看，台灣大陸同屬一國。遭日本殖民，是清朝甲午戰敗割讓的結果。抗戰勝利，光復台灣回歸祖國，誰曰不宜？

因此誰代表中國，誰就擁有台灣，台灣從來就不是一個主權獨立的國家，只是地名。中華民國接收台灣，成為反攻基地，一旦不反攻大陸，甚至中華民國滅亡了，台灣當然就被中華人民共和國接收。

台灣大陸只能是一國，搞分裂，鬧獨立，只會帶來戰火。然而和大陸統一，成為一國好嗎？

我的答案是，早期可能不好，現在卻非常好，而且愈早統一愈好。理由很簡單，早期台灣強過大陸，逕行統一可能

吃虧，現在大陸遠勝台灣，統一對台灣有百利而無一害。

鄧小平提的一國兩制高度自治原則，是了不起的發明。但現在反對統一的政客，都只提一國而不談兩制。為了本身的政治利益而採愚民政策，實在可恥。

台灣民眾從小就接受恐共教育，不相信萬惡的共匪如今會成為可親的善人。只有我這種常跑兩岸新聞，不為自己圖利的記者，才會客觀報導，公正評價。

台灣大陸都有許多仍待改善之處，但大陸是由壞變好，台灣卻由好變壞。連自認最可貴的民主自由制度，都快不如人家的專制開明制度了。具有中國特色的社會主義制度一直都在進步修正中，說不定哪天台灣會主動要求和大陸一國一制呢！

台灣和大陸同屬一個中國，進行和平談判結束內戰，才能解除兵災。不但可省下鉅額的國防經費發展經濟，還可以

站在中國巨龍的背上起飛，共享所有紅利。融入中國，走進世界，化阻力為助力，對台灣最有利。

乾脆舉辦個全國性的辯論賽吧！題目是統一好？還是獨立好？供大家深思，讓政客現形！

一國兩制　才能維持現狀

今天談一國兩制。不談學理，沒查歷史資料，純粹就一位行走兩岸的資深記者眼光，來說自己的心得。

一國不必細說，我書上說了很多，在台灣叫中華民國，在大陸叫中華人民共和國。兩國終將併成一國，最後存續的會是中華人民共和國，統一後的國家，我在此簡稱為中國。

中國太大，必須採地方自治，因地制宜，才能有效管理。但卻必須維持一個強而有力的中央政府，避免地方割據，分崩離析。

中央政府統一事權，凡有必須全國一致之事項，歸中央辦理，地方不得抗命，因此是集權的。但過度集權，往往忽略地方實際需求，必須放權才能真正造福地方百姓。這是孫中山先生地方自治的基本原理。

由地方自治的原則觀察大陸，早就實施一國兩制，甚至一

國多制了。不但對西藏、對新疆的制度不同，早期到深圳、到珠海等特區要有特別通行證。目前大陸城鄉戶籍不同，法令各異，到上海要遵守上海的法令，到北京又有首都的規定管你。法令多如牛毛，形同一國多制，不知當地法令的民眾，無所措其手足，因此必須簡政便民。

鄧小平的一國兩制是針對當年尚未回歸的香港、澳門和台灣說的。主要目的是告訴港澳台同胞，回歸祖國如同蔣介石北伐時，張學良的東北易幟，只是換面旗子，讓國家統一，避免外敵入侵，無損當地利益。換言之，即維持當地現狀，共享和平紅利。

維持現狀可以安撫民心。香港馬照跑、舞照跳；澳門錢照賭、雞照叫；台灣舉照選、內照耗。共產主義不會強套在回歸者頭上。

香港、澳門、台灣本來就是由中國分割出去的殖民地。當年祖國無能，以致骨肉分離，是母親對不起孩子。如今祖

國強大，把孩子帶回家團圓，是應有之義。

中國發現港澳台離散時都有好的發展，滿心歡喜，希望他們認祖歸宗後，維持現狀繼續發展下去。但該回家的小孩若仇視母親，拒不回歸，想要分離，甚至成為外人反中的棋子，卻是與祖國為敵，當然會受到應有的教訓。

一國兩制的「兩制」，不但不是取消台灣現有的民主法治制度，反而是對現有制度的保障，是維持台灣現狀的宣示。統一而能維持現狀，台灣民眾在害怕什麼？

中國終將統一，在世界揚眉吐氣。台灣應該為此驕傲，投入中華復興大業，豈能反向而行，自貽伊戚？

中國國民黨需要共產黨加持

三月三十日的中華民國實際上已經滅亡，中國國民黨即將興起。這兩者都和中華人民共和國強國崛起有關。

當蔡英文以中華民國女總統當選人姿態，前往台北賓館會見即將下台的馬英九總統時，雙方未提九二共識，顯示蔡英文仍存著台灣共和國的台獨因子，中華民國只是她借來上市之殼。她成功奪得政權後，是想為新國家催生。她的真正理想還是海峽兩岸一邊一國，是兩國而非一國。

蔡英文不會在就職典禮上公開說出兩岸同屬一中的話。習近平、李克強、俞正聲等人要不要被她的模糊話語所騙，准她過關，那是他們的事，但和下台後的馬英九無關。馬管不到，也無力管，只能順其自然，因為他已成前總統，是尋常百姓。

洪秀柱就任了有史以來得票數最低的黨主席，卻是中國國民黨打敗台灣國民黨的開始。中國國民黨不僅在台灣純粹化，也和大陸有了連結，此一連結自孫中山開始，她正可

趁此機會一展拳腳，前途不可限量。洪秀柱如能一展大公，培育人材，兩地都是她的疆場。

打擊台獨勢力，給國民黨加持的力量來自共產黨。很少人這麼想到吧！但事實正照此在走，國共兩黨應共創新局。

士大夫之無恥是謂國恥

有些人問我對翁啟惠，對廢止死刑，甚至蔡衍明停辦《網路酸辣湯》有何看法，不要老談兩岸事。我是媒體人，對新聞事件豈能沒有個人感覺？但重點還是以談兩岸事件為主。

四年多前我就對法務部拒不執行司法判決定讞的死刑案件不以為然，曾公開宣稱，要是我當法務部長一天，就把死刑案件料理乾淨，因而聲震四座。我了解廢死人士的想法，卻是不折不扣的反廢死人士，此一態度，至死不渝。

翁啟惠可以有錢，可以有權，可以有錢加有權，但他不可以是有權加有錢的中央研究院院長，甚至不適宜當有錢加有權的中央研究院院士。中央研究院院士和中央研究院院長的地位都太崇高了，要坐上那個位子，總要自我犧牲一些才算有理想性，否則士大夫之無恥是謂國恥。

我和蔡衍明因瞭解而分開，太清楚他這個人了。唐湘龍、陳鳳馨為什麼離開他？黃智賢、邱毅、董智森為什麼離他

而去？我不必問就知道。對他我不該寫的不會寫，但惹毛了我，我寫出來可是非常難聽的。

台灣的亂象每天都在重演，弄不好兩岸間的事，其他都是白搭。兩岸是重中之重，先求兩岸好，再說其他！

台灣必須由清醒者掌舵

台灣之亂，在於很多人腦筋不清，把不相干事件夾纏在一起，以致分不清本末先後，最終無所適從。

以翁啟惠為例，有人怪他在生物化學領域成就傲人，是華人之光嗎？相反地，大家巴不得他早日得諾貝爾獎，為華人科技贏得掌聲。

翁啟惠有資格為自己的名利地位奮鬥，大家都會幫忙，沒有人會去追殺他，因為追殺他有害無益。

但翁啟惠當中央研究院院長就不同了。他要綜理院務，為中研院的名頭必須賞罰分明，他要能分清是非，以天下蒼生為念，不可有黨派親疏之別。

因此，不要把翁啟惠的個人成就，和中研院長的應盡義務混為一談，否則永遠找不出事件真相，也不知道士大夫之無恥是謂國恥意指何方？

蔡英文總統當選人更是如比。當她肩負國內生技大業時，直接面對了一項產業的成敗興衰。她有義務為國舉才，但不能造成為家人謀福利的不良印象。

如果蔡英文連分辨公私都做不好，不知避瓜田李下之嫌，她要如何帶領台灣走出困境，找到流奶與蜜之地？距蔡英文就職還有一個半月，目前新政權已經搖搖欲墜了；面對習近平和兩岸問題，她要如何尋找對策，一勞永逸？

不是武力統一　就是和平統一

中國大陸要和台灣進行統一，只能有兩種方式，一是武力統一，二是和平統一，兩種皆有困難之處。

武力統一是最快的方式。以目前解放軍的軍力和武器，武力統一台灣，慢則一週，快則一天，台灣必訂城下之盟。美、日不敢連手，也無從連手。問題在仇恨如果結成，今後如何統治？

習近平不懂這個道理嗎？大陸有誰比他更瞭解世局和大陸台灣之間的軍事差異？但他從來不說要血洗台灣，要趕跑美日帝國主義。反之，他表現得十分有風度，既以大事小促成了「馬習會」，還承認蔡英文的大選勝利，寄希望於小英政府。

倒是一些愛中華人民共和國心切的民眾，天天在叫囂，說什麼解放軍準備好了，隨時可以拿下蔡英文，攻克台灣島。他們真比習大大強？習大大看不到的地方，他們都看到了？

習近平比他們強太多了，不做的原因他們還沒有資格知道。台灣的天然獨和大陸的天然統都需要教育，兩者都需要時間和耐性，但其實並不太難。如果一些不肖的名嘴政客，不是基於私慾，而願意加以配合的話，一切都可水到渠成。

先觀察兩個時間點，一是蔡英文的就職演説，是否安全過關。一是沒有過關之後，她會怎麼辦。

一國可以　兩國不行

蔡英文可以向中國大陸說,她回歸之後將如何在台灣實施民主政治;但卻不能說她將如何實施民主政治,以避免台灣回歸中國大陸。這是一國和兩國的關係,不容模糊。

一國可以,兩國不行,這是大陸的底線。但蔡英文的底線卻是兩國可以,一國不行。一國和兩國這次必然對撞,總要撞出個結果。

大家爭的就是這個結果。大陸希望蔡英文回到一中軌道,不搞台獨。搞台獨就是兩中,起碼是一中一台,互不隸屬。在綠營眼中,中不大於台,台不大於中,大家國格平等。或許你的人口多,土地大,但大家是平等的兄弟,不能成為互相隸屬的父子。

綠營一再指責馬英九失衡,就是說他把台灣變成了大陸的一部分。雖然表面上有一中各表當遮羞布,但現在誰都知道,一中指的是中華人民共和國,不會是中華民國。為了方便和打破模糊空間,民進黨稱台灣、大陸一邊一國,台

灣國現在叫中華民國，大陸國叫中華人民共和國，簡稱中共或中國。

馬英九的一中各表，名為一中，實乃兩中。蔡英文認為兩岸分屬兩中，怎麼可以談一中？習近平非要一中不可，大家就在一中、兩中之間扯來扯去。除非蔡英文正視史實，背叛台獨史觀，否則她在 520 就職典禮當天，不可能有兩岸同屬一中的演說。

蔡英文可以不說，可以說得很模糊，但絕對不會說台灣、大陸同屬一個中國。原先我希望她會說，由她的演講避免台灣的災禍。但當我仔細考慮她的立場之後，發覺這太強人所難了，除非有更大的壓力讓她好順勢而下，否則她根本做不到此一地步！

台灣是地名　不是國名

蔡英文如果 520 前，沒有對習近平做出善意答覆，是公開對他打臉。習近平將如何回應，視他個人對世局的認知和對解放軍的態度而定。不過台海之間一定烏雲密佈，不會因就職大典是否充滿歡樂氣氛而轉圜。

內行人可以在一個半月的時間做出判讀。到時誰在虛言恫嚇，誰在為匪張目，誰在以蒼生為念，誰在該哭而笑，一個都跑不掉。當有人因犯錯而遭外界批評時，希望大家知所進退，保持君子風度。

我在第一本《江湖一本正經》書中說，反攻大陸早就沒有希望，台灣的治安必需靠大陸的邊防維持。

第二本《新聞一本正經》，我對馬英九不統、不獨、不武的政策大力支持，認為質疑此一政策者，就是為難政府。

直到第三本《兩岸一本正經──終極統一之路》，我才赫然發現，馬政府正陷入和獨派一起聯手對抗大陸促統的困

境。不但無法趕走蔡英文借國民黨之殼上市，也無法清除民進黨藏身在他所創造的兩岸模糊中執政。

所幸馬政府後來發現，雖然做了補救，卻也即將下台，雙英都說維持現狀，還是有根本的不同。承認自己是台灣人也是中國人者，畢竟不同於否認自己也是中國人的獨派人士。

蔡英文必須在 520 正告全世界，台灣不是個國家，只是個地名。她正式就任的是中華民國總統。她永矢咸遵為民服務的憲法是一中憲法。她所拿的國旗是青天白日滿地紅旗。唱國歌時不會永遠略掉吾黨所宗的「吾黨」兩字。

行政、立法都在蔡總統這一邊，如果她敢的話，可以宣示獨立建國。一旦不敢，但願她處理好兩岸關係，因為球正在她的手上。

國民黨不知輕重緩急

國民黨讓人看不懂，是它忘了輕重緩急，不曉得今夕何夕。

我對馬英九有特殊感情，兼及吳敦義。對朱立倫、洪秀柱等人主掌國民黨的感受，水波不興。國民黨和共產黨的重要性讓我選，我選共產黨。因為共產黨關乎大陸興衰，它太重要了，十三億多人口的生死存亡都靠它維護，它只能好，而不能不好。

當馬英九不兼國民黨黨主席之後，我對國民黨毫無興趣。它不就是那個和民進黨競逐執政，且最後戰敗的政黨嗎？當阿狗阿貓都可以當國民黨的中常委時，國民黨在我眼中已無地位可言。我還比較關心民進黨，希望它有一天拋棄台獨黨綱。

直到民進黨竊據了國民黨，國民黨不得不因而位移，我才警覺國民黨的重要性。原來共產黨一直需要國民黨為它守護台灣，避免台灣獨立；為它指出曾經犯錯的方向。

國民黨不能是小民進黨。如果基於選票考量而民進黨化，它就弱了自己的名頭。當國民黨往前接不到孫中山，往後說不出今後發展策略時，它能感動誰投入東山再起的長河？效法先聖先賢拋頭顱灑熱血的志業？

國民黨不可陷入台灣國民黨的迷思，不但不能停辦行之十年的國共論壇，反而應將十年來兩岸對政治、文化、經濟等議題擴大辦理。以前國共論壇都在大陸辦，現在可考慮520之後在台北辦。怕挨打者不要過來，習大大手下沒有那些貪生怕死之輩。何況民進黨已經完全執政，它必須完全掌控全台治安，若有大陸與會人員在台挨揍，透過電視直播，會造成什麼景象？

國共論壇要改，把大小聯誼的拜拜氣氛去掉；但國共論壇要辦決不能停。當國民黨需要大陸的地氣和共產黨的加持時，共產黨你在何方？

台灣真正突破之道

現在台灣看起來很亂，其實看清了一點都不亂。台灣問題追根究柢，在於能突破的不想突破，因此造成不能突破者永遠突破不了。

能突破的是 520，但蔡英文不想突破，她很可能就職典禮當天就過不了關，到時大家都在看習近平如何修理她，直到重回兩岸同屬一中為止。

蔡英文就職之前，缺點逐漸顯現出來，但她依然在支持者的保護之列。有一些人雖然在為她爭取憲法上的權力，但卻看得出，他們真正保護的是本身的政治利益。

我從來就不認為蔡英文是個貪婪的人，她的家人或親友若牽涉貪瀆案件，查就是了。她無需包庇，也包庇不住。凱撒的歸凱撒，小英的歸小英，不是她的不能推在她頭上，除非掌握了相關證據。

但翁啟惠必須算是小英的案子，不能算在馬英九頭上。一

個即將下台，一個即將上任，翁又將在十月分第二個五年任期屆滿，繼任的新院長和新總統任期重疊，當然一切要由新總統決定，馬英九再無聊，也不會去搶蔡英文這個風采。何況馬、蔡兩人都對翁啟惠的去職有共識，他應趕快回來辭職，專心打官司。

綠營不改其志，趁馬英九還在任內批馬保英，但批者無力，保者有限。他們還能批馬英九什麼呢？反正不是傾中賣台，就是幫中共看守祖宗財產。他是堅守中華民國到最後一刻的人，但卻被打成是中共的同路人，八年來真是冤枉。

蔡英文就不同了。她竊據中華民國有理由，她採取和馬政府一樣的施政方針有道理，甚至她一一附和習近平說詞，都是被逼的。馬英九永遠是外來政權，蔡英文永遠是台灣新貴，馬能賣台，蔡只會護台。

我要告訴馬英九，下台之後不要主動在兩岸事務出主意，

一定要蔡英文懇求再三，看情況出手，才有人情。

不肖的名嘴政客，最近展現了他們捧強人大腿，只打落水狗的不良心態。一捧一打之間，人員雖有更迭，但問題依然無解。買不起房子的還是買不起，沒加薪的仍舊沒加薪。

台灣想要突破，避免內鬥內耗，必須由新政府率先突破兩岸關係，才能找到出路。

馬英九不會特赦陳水扁

有兩個議題先要搞清楚，否則爭議不斷，我分兩次說。先說馬英九會不會特赦陳水扁，再說鄭南榕的自焚事件，兩者劉老大都牽涉其間，當然非說不可。

馬英九在下台前會不會特赦陳水扁？答案是不會。蔡英文上台之後會不會對陳水扁予以特赦？我的答案不但是會，還建議她不能只放了陳水扁，要同時舉辦全國性赦免，放了其他人。

不一樣的建議分別對不一樣的人，這是劉老大的特色，也是對當事人最有利的考慮。

我有這些答案很久了，本想以後再說，沒想到最近大家拿出來炒，只好逐次說清楚。

馬英九是八年任期內，惟一沒有行使赦免權的總統，因此要他在下台前一個多月，行使赦免權有困難，他不會做，否則早就做了。至於作業是否來不及，陳水扁會不會承認犯罪，都是枝微末節。赦免權專屬總統，當現任總統不想

行使赦免時，你能把總統的頭按到水裡，強迫他做嗎？

馬英九既然不可能，蔡英文登基又如何？我認為盼英九還不如盼英文可靠。蔡英文選前不好說，她選後一定放了陳水扁。但目前各縣市議會的釋扁呼聲，其實是對她說的，並不是真正向馬英九喊話。

劉老大的朋友，來自三山五嶽，能讓他們早日脫離監獄，也算一種福利。因此我要正告蔡總統，只放陳水扁一人的政治性和針對性都太高，還不如改特赦為全國性之減刑，由行政院轉令法務部辦理。反正監所十分擁擠，而減刑也久未實施，蔡英文來上這一手，對她和監所都非常有利。

比陳水扁應受法律寬典的人太多了，豈能獨惠陳水扁一人？蔡英文上台在即，將陳水扁藏於全國獲釋的人犯之中，公私兼顧，何樂不為？

下篇談鄭南榕！

鄭南榕自焚案的真相

我和鄭南榕是朋友，但從來沒想到他過世之後，竟被當成國父級的人士崇拜。台灣人不了解鄭南榕，對他做了許多錯誤的解讀。

我和南榕在朋友租屋處認識，他要認識我，單純只是為新辦的雜誌社邀稿。

當年的中國時報記者很強，我是其中之一，主跑地檢署和調查局，什麼十信案，什麼江南案，全部在我手上。

鄭南榕辦雜誌，必須找外稿，我是他找的對象。他用優厚且保密的條件成功說動了我，我則成為他的朋友和雜誌社的座上客。

南榕大我兩歲，我們後來因「共事」的關係無所不談，但是很少談政治。他和大家一起吃宵夜，都是笑嘻嘻地講些風花雪月，不談其他。

他不會把自己的台獨意識，強加給其他人。雜誌則隨我

寫，愛寫什麼就登什麼，字數隨我報，說多少就付錢，甚至預支一筆資金讓我花用，以後再由稿費扣還。

我喜歡結交有味道的男人，南榕是其中之一，他在我面前表現得非常敬畏葉菊蘭，對他女兒鄭竹梅則十分愛護。他告訴我，這對母女名字加起來，正好是梅蘭菊竹四個字，和麻將的風數相同，我倆相視大笑。

他偶爾會和我在雜誌社樓上打麻將，當年打三百一百，他卻外插一千兩千，是個肉頭，十賭九輸。晚上不能超過十二點，因為葉菊蘭會找人。

鄭南榕一走，我除了傷心朋友不見了之外，還傷心少了個肉頭。他曾因違反選罷法被短暫地關過，入獄前交代公司人員把麻將欠款拿到我家還我，出獄後又邀賭同樂，還是他輸。我拒絕給他的紀念冊寫稿，心中留下對他紀念的點點滴滴。

南榕因雜誌辦得好而走紅，我曾因他而被國安局請喝咖

啡。他也說有同學在國安局，大家已經達成部分協議，該查扣的還是照查扣，該讓他出的雜誌還是照樣出。他說「大家都要活，不是嗎？」

由此可見，鄭南榕不是個不講理或難溝通的人，他和我都知道，情治單位對雜誌社做了許多工作，我倆都已經是透明人。

不過大概是基於理念的堅持，他很排斥成為違反言論自由的被告。他曾說過檢察官抓不到他的身體，只能踩過他的屍體。我以為他在發牢騷或開玩笑，沒想到是玩真的。

鄭南榕赴死的前幾天，我打了個電話給他要他注意，因為辦案人員會去拘提他。第二天他打個電話給我，「你說昨天會有人來，怎麼最後沒來？」

我告訴他，昨天因故沒去，不過總是這幾天的事，希望他妥為因應。我不願意他表現出一副想用死以明志的風格，那不是我印象中的鄭南榕。

不料鄭南榕還是在警方的攻堅行動中，點燃了他自備的汽油自焚了。我到過他火燒後的雜誌社，友人向我解說他如何不屈地自焚而不改姿勢，但我並沒有真正聽進去他的視死如歸，只想著肉頭，你這麼一走，我的損失可大了，不但賺不到你的稿費，連找個像你一樣弱的「魯肉咖」，都有難度。

鄭南榕走了，他愛的兩個女人梅蘭菊竹，還好闖出了知名度，沒有跟著太受苦。他的一生雖然短暫，但也算夠本，起碼活在朋友的心中。

不必歌頌鄭南榕，有不虞之譽者，必有求全之毀。給他適當的評價，死後會好過一些。

台灣是電信詐騙犯的始祖

兩岸關係目前非常詭譎,中共公安部現在配合肯亞警方,從非洲抓走四十五名台灣人,到北京配合調查大陸人的電信詐欺案,觸怒了多數台灣人。

有人說是打臉馬英九,有人說是劍指蔡英文,我則說涉案的台灣人活該,除非他們能證明自己清白。

我在中國時報時,曾專程到廈門採訪兩岸的電話詐騙案。那是一次離奇的經驗。由於犯案猖獗,不但司法首長、一般百姓,甚至道上大哥都接過詐騙電話,我只好透過有關人士的安排,在一位有心從良的犯罪分子陪同下,參觀了他們的大本營——廈門。

當初挑中廈門,是廈門距離台灣近,可直接收聽台灣的電視轉播,用大哥大即可下手。歹徒雖然人在廈門,騙的卻是台灣人的錢。由於受害人不在大陸,大陸公安也頗有交情,公安因此都睜一眼閉一眼。

當時台灣錢好騙,很多不法的台灣分子,都一起往廈門

跑。他們租房子開公司，雇用便宜又會講閩南語的大陸人，給他們印好的教戰手冊，照表操課就可以上陣。詐騙集團的老闆，晚上常跑夜店，他們又年輕又時髦，日子過得爽極了，觸犯的罪名不高，現金滾滾而來，何樂而不為？

在廈門採訪時，內線帶我去看公司設立的地點，和他們常去的夜店。碰見熟人他會說，那小子一樣是幹這行的。

不過他也告訴我，現在台灣人逐漸不迷廈門了。由於通信器材進步，加上大陸人也懂了這一套，台灣人和大陸人合夥作起生意來，兩地的人都騙。不過就詐騙集團而言，如何分工分組，台灣人絕對是開山祖師。沒想到短短幾年的發展，詐騙集團由國內到國外，受害者遍及所有華人，尤其是日漸走紅的大陸人。他們規模大者，往往把機器設到國外，逃避海峽兩岸的警方聯手追查。

台灣的刑事警察局早年就有完整的案例和資料，大陸的公安單位這幾年也急起直追。公安部約兩年前就和肯亞的警

方連絡，破獲設在非洲的機房，為大陸的受害民眾出氣，可見確實用心。兩岸要共同打擊犯罪，就應該情資互享，心手相連，由誰主辦倒在其次。先把犯罪的人抓到再說，不是嗎？

人要有點骨氣，敢犯罪就要敢擔苦水。不要出了事像個小娘們，到處要求政府出面保護。你們跑大陸、跑肯亞，事先有通知政府嗎？你們是去觀光或打獵嗎？

你們真露臉，由肯亞傳回來的照片，在警方攻堅下乖乖投降，在大陸的押解下飛往北京，而我們派出去沒有邦交的人員，都只能乾瞪眼。當前後任政府都被你們拖下水的時候，你們還好意思吵著要回家。你們終究會回來的，回來時要把為什麼去先說清楚。

中共講得沒錯，兩岸同屬一中是世界的主流。當世界大部分國家都承認，一個中國就是中華人民共和國時，馬英九和蔡英文都已經落伍！

騙子到哪裡都是騙子

我談問題，不喜歡遮東遮西，也不願意談學理依據。總認為人生在世，脫不過一個理字。有理走遍天下，無理寸步難行，如此而已。

肯亞的四十五名台灣人被大陸抓走事件，大陸錯了嗎？台灣有理嗎？大陸應把台灣人送回來嗎？台灣政府應向大陸要人嗎？我的看法通通都是否定的，或許我的意見是少數，是傾中賣台，但我不改其志，原因如下：

（一）我很看不起詐騙的行為，那是「豎仔」的犯行。不必動刀動槍，只靠腦筋和表演就行。收入既高觸犯法條又輕，很容易脫罪，完全是瘋三行徑。

（二）受害者大多是老弱婦孺，或見識不高者。這些人辛苦了一輩子，把勤儉所得，全供加害者吃喝玩樂。歹徒利用人的善心、恐懼或貪念等弱點，建立自己的幸福，其實並無幸福可言。騙子永遠是騙子，到那兒都騙。這些人必須付出代價，否則政府永遠對不起社會。

（三）正常人都要遵守當地的法律，詐騙集團卻專找當地的法律漏洞鑽。俗話說騙子狀元才，他們可以靠腦力和雙手養活自己，偏偏不走正途而走歧路。整肅他們可以殺一儆百，縱放他們表示姑息養奸。

（四）台灣縱容詐欺犯很久了，養成了名聞天下的詐騙集團。他們的手法翻新，丟盡台灣人的臉，自律之不足，當然歡迎他律。大陸願意出面整肅，台灣理應提供協助，怎麼可以當絆腳石？甚至成為攔路虎？這和台灣、大陸的人權評價無關。當加害人講人權的時候，受害人的人權在哪裡？

（五）我同意目前兩岸的政治氣氛不好，當台灣想分離出去時氣氛怎麼好得起來？馬英九的中華民國，和蔡英文骨子裡的台灣共和國，都拒絕習近平兩岸和平統一的呼籲，雖然其中有一國兩國的差異，但要做到兩岸心靈融合，仍有長路要走。這次習近平三分打馬英九，七分打蔡英文。藍綠都要檢討，不要互相嘲笑，他們打得過習近平嗎？

（六）馬英九快下台了，但習近平不能等，520 的攻擊發起日是對蔡英文說的。現在就必須施壓，否則她九二共識永遠不會說，也不會上談判桌。為了讓蔡英文曉得其中利害，習大大顧不得和小馬哥的交情。大夫無私交，何況是一國元首！和甘比亞建交而不找邦交國下手，已經盡可能給了小馬哥面子，讓他移交時的邦交國還是二十二個，但這次肯亞事件就不同了。日子愈來愈向 520 靠近，小英頑強依舊，只好祭出國際上兩岸同屬一中的大旗，讓蔡英文見識見識。

（七）馬英九別向北京要肯亞事件的台灣人了，那是蔡英文承認九二共識之後才能要的。當她同意進行兩岸和平談判後，沒有不能在大陸判刑，由台灣執行的道理。不是承認了兩岸一家親，一切都好談嗎？目前馬英九的壓力來自蔡英文，而雙英的壓力都來自習近平，四十五名台灣人恰巧是工具。習大大類似的工具很多，蔡英文如果不和大陸談，就要決定接招。

（八）夏立言也別組團到北京了，既然是元首們才能拍板的事，他要不回來人，看也看不出什麼東西。

世間事瞬息萬變，但萬變不離其宗。肯亞這件事有社會，有政治，如何兩相權衡，如何治以應得之罪，端靠領導者的智慧。

台灣騙子應送大陸法辦

法務部長羅瑩雪今天和立委段宜康吵了一架，加上有法學博士稱號的名嘴姚立明在電視台上信口開河，把肯亞四十五名台灣人被抓事件搞得沸沸揚揚，好像大陸抓錯了，台灣保護不了國民，自行棄守管轄權。真是一場烏龍大戲，而段宜康、姚立明等人，不知道他們正站在錯誤的一方，猶夸夸其言。

大陸當然可以抓人，別說四十五人，四百五十人也沒問題。因為凡是涉嫌侵害大陸人民法益者，都在取締逮捕之列。到肯亞把人犯帶回北京偵查審判，不但作息要配合當地警方，交通還要花錢，大陸公安是呆子嗎？錢可以白花不必報銷嗎？

如果不是有可靠線索，顯示這些台灣人涉案，大陸抓他們幹什麼？一定有人供稱他們是人犯，經過追查也確認他們在肯亞設有機房、雇用車手、買了電話詐騙大陸民眾，才會讓這些人上專車，坐飛機到大陸接受清查。

台灣人請放心，這麼大的涉外事件，大陸公安不會掉以輕心的。真的不是他們，清查後會請他們離開，還他們公道。如果真是這些台灣人犯罪，一個都跑不掉。他們清白與否，必須查了才知道。犯罪結果地在大陸，中共有管轄權，能不依法辦理嗎？

大陸有它的法律，是個主權獨立的國家，和肯亞有外交關係，有引渡條約，肯亞和大陸從事外交、司法合作，是自然之理。

反觀台灣有什麼？不是個國家，如果是國家還要叫中華民國，在國際上除了二十二個邦交國之外，沒有獨立的國格，包括挺台的美日在內。肯亞和台灣（或中華民國），既沒有外交關係，又沒有引渡條約，有了嫌犯要交給誰？

不要怪大陸把嫌犯抓走，台灣和大陸有的只是共同打擊犯罪的協議。這種協議一開始就是台灣看大陸的臉色，主動要求簽訂的。我們有求於大陸，大陸卻無求於我們。當年

許多台灣人犯案跑到大陸，或到大陸騙台灣人，台灣要逮捕人犯歸案，必須靠大陸公安施以援手。交情好的多幫一點，沒交情者視而不見。大陸沒人受害，犯案和受其害者都是台灣人，大陸公安何必吃飽了撐著，為台灣做事？

金門協議也是如此，當「靖廬」早已關滿大陸偷渡客時，任憑台灣求爺爺告奶奶，大陸就是不派人來接，我們又能如何？

台灣和大陸的各種協議，其實都是「不平等條約」，遵不遵守，如何遵守，全看大陸臉色。還好大陸強國崛起，依法依憲治國，才有目前共同遵守的理論和目標。以前有些規定，大陸連法律都沒有，一切因地制宜，看感覺辦事。立委們，名嘴們，說了這麼多，你們懂了嗎？

我的意見是，大陸正往法治方向急速進步，趁習近平的改革方向不變，蔡英文應趕快和他進行談判。談成一國兩制最好，台灣能因此擁有司法終審權。萬一談的結果是一國

一制，那就糟了。不肖的名嘴政客被抓去北京以叛國罪論處，都是有可能的事，到時別怪劉老大沒有事先提出警告。

公共論壇不能成為詐騙之地

台灣的混亂，是很多名嘴政客有所求也有所懼，一些媒體和輿論，卻在配合演出，讓民眾看得滿頭霧水。

我寫兩岸，當然知道很多兩岸間事。平時我並不說，因為兩岸都在改變之中，兩岸的政府和人民都需要教育。

要教育他人，先要教育自己。我由電腦白痴自學而會在網路發稿之後，雖然還在一不小心就會把稿子按不見的地步，但一切都在進步之中，尤其是思考。

電話詐騙案是我十多年前的採訪案子，電腦化之後雖然手法翻新，但原理相同。不一樣的載體，但一樣的犯罪，都是歹徒作惡搞出來的，而我認識各行各業的犯罪高手。

我出汙泥而不染，也不會到處胡說，大家都知道我是真小人，被我找到只能乖乖告訴我內情。我只要新聞，不會將他出賣，久而久之，竟在江湖中闖出了名號。

今天我的感慨是，一些名嘴他們知道得太少，卻說得太

多。當他們發覺自己說錯之後很難改口，只能慢慢轉彎，轉彎期間又在硬拗，以致欺騙了社會。

當這些人充斥公共論壇時，在這個網路時代裡，不但沒有成為新聞真假對錯的守門員，反而助長了作亂的歪風，成了社會的公害。

最近流行即時新聞，但新聞不能搶快。有職業道德的記者，寧願漏而不願錯。如果都是道聽塗説，還不如不要這些虛假錯誤的報導。謠言止於智者，但智者能有幾人？止謗莫如自修，但自修將成姑息，保持沉默，形同縱容犯罪。

眼看一些以前評價還算不錯的同業，近年播起新聞來不忍卒睹。他們一個板接著一個板，説學逗唱全使上了勁，我希望他們真的知道，自己究竟在胡説些什麼？

政客我比較不熟，也認定台灣的土壤，必然會出現政客。

既然選民吃這一套，他們利用螢光幕騙騙選票，也算生存之道。但媒體必須提出依據，不可成為政客幫凶；更不能人云亦云，否則是飲鴆止渴，步上岐途。

兩岸三黨各有罩門

馬英九的罩門是一中指的是中華民國，他不敢說中華民國會延續多久，只能說它會長久地生存下去。其實它既不可能反攻大陸，在台灣又被民主進步黨取代，正在走向滅亡，但馬英九只能說它好，而不能唱衰它。因為他目前還是中華民國的現任總統。

蔡英文的罩門是她不敢說台灣、大陸同屬一個中國，因為兩岸一旦同屬一中，台灣就會被大陸吃掉。她的真正意願是海峽兩岸一邊一國，是兩中而非一中。但兩個中國的兩國論，她只能心裡想，嘴巴卻不能說。因為她是中華民國的新總統，不是台灣國的總統。兩國論只能做，不能說。

習近平是目前中華人民共和國最強的國家主席，最強的軍委會主席，最強的中國共產黨總書記。他大權在握，卻危機四伏。肅貪打腐必須堅持下去，但貪腐之輩橫行，非一日一夜可竟全功。

大陸人羨慕外國人的言論自由。他們在國外可看任何禁

書，在國內卻飽受言論自由之苦，不是被查禁，就是被屏閉。習近平正在緊縮言論尺度，否則他無法維護強大的黨中央。至於地方放權，應該放到什麼程度，才能滿足民眾的需要，正考驗著他的智慧。

當國民黨連續兩次潰敗時，習近平不得不直接面對民進黨。要如何對國民黨有情有義，要如何讓民進黨心悅誠服，在在令他頭痛不已。

習近平的難題，也是紅、藍、綠難解的題目，但都非解決不可。由台灣詐騙集團從海外抓回來，究竟應送台北或北京法辦，就可看出端倪。

兩岸雖然有共同打擊犯罪和司法互助的協議，但一會兒送北京並上電視坦承犯罪，一會兒卻送桃園就地解散，大家都傻眼，不曉得大人們在搞些什麼東西？當大家都有話說，都自稱合理合法，都指責別人亂來時，只好推斷其中暗藏玄機。卻不知道大人和他們一樣，不知道應該如何判

斷輕重，分不清究竟會帶來什麼關係。

不要說什麼無罪推定，或管轄權競合等法律問題。劉老大是東吳法律系科班出身，當記者跑司法三十多年，太瞭解法律那一套了。當年蔣介石在世時，我們還曾通緝毛澤東、周恩來等人呢！他們要如何抓？中華民國的法院又要如何辦他們？

所謂協議，就是關係好的時候互相幫忙，壞的時候僅供參考，要找理由容易得很！

三黨各盡本分　中華必然復興

台灣和大陸的終極統一之路，已經很明顯地擺在那裡，但有些人囿於己見看不清楚，有些人則是為了自己利益故意不說。劉老大只好挺身而出，直斥其非。說得對，這是記者應盡的義務。說錯了，我退出公共論壇以示負責。

一切都看習近平的。他的手法很明顯，520 是分水嶺。之前要快，甚至不惜祭出武力大旗。之後要慢，讓台獨勢力逐漸轉變。不過在他未來的七年任期，他希望能解決台灣問題，不要留給下一代。

甘比亞的建交事件只是開始，肯亞的台灣人被抓事件則是施壓，馬來西亞事件是件錯誤，但突顯台灣國會的不合理，和詐騙王國的本質。接下來會有什麼不曉得，但馬英九和蔡英文都透過管道正在和他溝通中。他成了兩岸間最關鍵的那個人，只能勝而不能敗。

我要是習近平早就不幹了，十三億多的人口，有多少事要管？光是開會的通知就接不完。把軍區改為戰區，防止軍

閥復辟，並且以戰為主，你以為是一般人做得到的嗎？繞過國務院，在他底下設立各種小組，直接供他諮詢，避免受騙，顯示他才是最後拍板定案的那個人。一個人肩負國家百年興旺大業，這是何等沉重的負擔？他不但要任勞、任怨、任謗，連遭到暗殺都不能講，這豈是人幹的？

國內如此，國外更困難。中國強國崛起，很少國家認定它毫無野心。即使裁軍三十萬，大家都認為它另有所圖。既要防堵中國擴張，又要從它手中分一杯羹。中國表面風光，但處境艱難，這時台灣適合加入美日陣營，對中國添亂嗎？

我的看法是不可以。同為華夏的一員，台灣已經光復，就應該加入祖國建設的行列，而不是心中想著另建台灣國，在美日和中國之間玩權力平衡的遊戲，首鼠兩端。

馬英九要下台了，球在蔡英文手上。她究竟要不要回應習近平兩岸同屬一中的呼籲，全在她一念之間。她是政治家

嗎？我很懷疑，不過我認為她最後會做出貢獻。

我一向的看法是，習近平、馬英九和蔡英文都去做他們該做的事。習大大討伐台獨，把它拉回一中軌道，再用柔性勸導。蔡英文消滅中華民國，率領大軍打一場獨立戰爭。馬英九防止台灣獨立，看好祖宗遺產。三位都是領導人，都做他們愛做的事，結果會對中華民族最好。

不相信嗎？很多事情做起來，不只會發生量變，更會發生質變。520 快到了，去做吧！做就對了。

不能在電視上騙人

剛剛看了電視新聞和政論，一氣之下把電視關了。本想立即 PO 文，也忍了下來。肯亞和馬來西亞對台灣歹徒的不同處置，讓不少台灣人的情緒兩極化。不肖的名嘴政客再這樣吵下去，爭執永遠會存續，而真相則永遠搞不清楚。

看來還是要我這位老社會和老司法的記者出馬。尤其它兼及兩岸，不能隨便談談，必須用較多的篇幅，把來龍去脈講詳細才行。

我有時會生氣，因為很多事明明已經說過了，還是不少人搞不懂，害我不得不一再重複。有些新來的又問東問西，PO 文不看，新書不買。別以為我靠書賺錢，那種小錢根本不放在我心上。要影印、要盜版請隨意，人多人少我都講一樣的東西。

唉，要是臉書不莫名其妙地被停權就好了（雖然我已猜到一些），它還是目前我認為威力最強大的社交工具。

在我寫稿前，大家多想想。為兩岸共同打擊犯罪盡一分心力吧！

豈能樂了罪犯　卻傷了司法

法務部包括羅瑩雪部長在內，其實很多人都到過大陸，司法院和最高檢察署亦然。這些司法人員都需要了解大陸是什麼樣子，相互之間文書如何認證？證據如何採用？要怎麼共同打擊犯罪？人員應如何互助？因為犯罪無國界，在這個地球村的年代，如果還分彼此，只是樂了罪犯，卻傷了司法，大家各自都無法交代。

兩岸共同打擊犯罪和司法互助，既然是大勢所趨，就必須拿出誠意，才能行穩致遠。不能爭功搶先或躑躅不前，否則虛有其表，不要也罷。

兩岸的互動，一直受政治的影響，先談政治再談法治，這是大家心知肚明的事，以前如此，以後也將如此。最好透過雙方領導人的談判徹底解決，而不是經由海基會和海協會的白手套，訂一些怎麼解釋都行，其實語焉不詳的協議，以解燃眉之急。

馬英九的八年執政期間，由於有九二共識做基礎，雙方合

作尚稱愉快。但一些特殊的個案，為台灣法權所不及，只好透過私人管道打點。台灣一些通緝犯受到北京的保護，在大陸出入自如，他們也發揮了個人的影響力，為祖國統一大業做出貢獻，不過都很低調就是了。

看兩岸問題不能只講法治而不講政治，尤其把台灣那套法律原則強加在大陸頭上，那真是差之毫釐而謬以千里。台灣這些人權鬥士和法學專家，動輒以他們從歐美等地所學的法律知識，來判定兩岸司法間的是非，是錯看了大陸，搞錯了時空，大言炎炎而不自知。

這些學者專家真的了解大陸司法嗎？大陸司法好在哪裡，壞在哪裡？有哪些進步超過我們，有哪些還有努力的空間？他們知道嗎？

姚立明，不要以為你是法學博士，就在那邊指指點點，說什麼台灣司法超過大陸三十年不止。你的根據是什麼？我看你既不了解台灣司法，也不了解大陸司法，不信咱們辯

一辯。反正你打賭從來沒有贏過我，這回讓你一次，你怎麼說？

台灣一些名嘴不知藏拙，喜歡談大陸的事和法律問題。簡單的都對，稍微複雜就錯了。他們還經常上街頭、上法院去抗議，像一般老百姓一樣，做錯誤的示範，自以為得計。我已經懶得糾正了，只希望他們有點羞恥心，為自己的言行負責。錯了就像劉老大一樣，事前就宣稱將退出公共論壇，如何？

法務部長其實手無寸鐵

法務部長羅瑩雪是馬英九的人,她這次對台灣電話詐欺案的想法,明顯比陸委會主委夏立言,更靠近馬總統一些。

羅瑩雪踩了剎車,以致綠營大怒,將她當作目標打。不過如果沒有她,大陸公安部不會同意法務部率團赴大陸協商。雖然結果可能不如預期,但能去總比不能去好。不相信的話,一個月後綠營執政時,大家不妨睜大眼睛看!

羅瑩雪的律師性格,讓她有話直說。她是馬英九的預備部隊,專司救火。如果不是前任法務部長曾勇夫,和前檢察總長黃世銘失和,為了王金平和柯建銘的關說案而雙雙去職,也輪不到她來出任馬政府的末代法務部長。

羅瑩雪和部裡沒什麼淵源,她無法掌控法務部。新任的邱太三更差,雖然是檢察官出身,但幹不久就到政界混日子。兩個人在部裡都必須靠人緣而不是靠淵源。沒有相當淵源的法務部長,如果沒有很強的次長輔佐,就像誤入叢林的兔子,很快就迷失方向。

像陳定南部長靠的是謝文定。王清峰靠的是黃世銘。曾勇夫本身就行，但也要陳守煌幫忙。羅瑩雪則靠陳明堂。邱太三要靠誰？只有陳瑞仁和朱朝亮和他同為二十三期，有不錯的交情，但期別晚了些，當不了次長。誰才是他考慮中足以依靠的肩膀？

法務部是行政院的法律諮詢單位，地位重要。但依法論法，部長位置雖然好聽，卻沒什麼權力。有淵源者，可藉圈選檢察長培養自己的勢力。不懂培養自己勢力者，只能自生自滅。

法務部長本身沒有偵查權，對具體個案不能下指示。指揮警察、調查局是各級檢察官的事，司法令狀和司法裁判又在法院的法官手上。他幾乎手無寸鐵，不靠檢察官圍繞在他周圍，看他臉色行事，難道要靠鬼？

台灣的行政官員，就怕不講理的不肖政客和名嘴，尤其是立法委員。立委有質詢、預算、聽證等權，還可以立法自

肥並修理他人。行政官員向他們負責，往往能員變成了弱吏。

這次羅瑩雪在立法院豁了出去而爆享大名，除了立委名聲太差之外，也和她預算已過，再三十天即將下台有關。幾乎每一個官員都忍耐立委很久了，馬上就要下台，還鳥他們做什麼？這不是馬政府看守期故意擺爛，而是泛綠陣營大勝露出了驕態。蔡英文和林全面對立法院這群驕兵悍將，加上大陸正虎視眈眈，我真為他們未來上台執政捏一把冷汗。

台灣的立委口口聲聲代表民意，但民意要他們表演嗎？民意要他們謀一己之私嗎？只有他們有民意而別人沒有嗎？別忘了民意如流水的老話，台北市長柯文哲，從一年多前的頂天和外溢，如今卻墜地而成死亡交叉，就是活生生的例子。

大家應該支持蔡英文

我從中華民族的立場看問題，很少罵人，就算罵人也不帶髒字眼。對蔡英文之好，已到了藍營吃醋並痛恨的地步。

蔡英文能不好嗎？她不好代表台灣就完了。她必須好起來！我要是習近平，對蔡英文只有兩點要求，其他隨意。

（一）蔡英文必須承認，台灣、大陸同屬一個中國。歷史如此，地理如此，中華民國憲法如此，兩岸人民關係條例如此，尤其是九二共識、馬習共識，更是如此。不管蔡英文用什麼態度或口氣，把此一歷史事實表達出來就行，時間就在 520。

（二）承認了兩岸同屬一中之後，台灣的事都歸蔡英文處理，少來煩我習近平。當然到時大陸必須和台灣站在同一隊伍，望向同一方向。大陸該有的國際地位，台灣通通有，否則能叫自己人嗎？不過萬一相反，兩岸不同屬一中，光復台灣就成了大陸的歷史任務。台灣與祖國究竟為友為敵，蔡英文是關鍵人物，520 她必須公開宣示。

520 前這麼重要的時間，蔡英文居然還和宋楚瑜見面，一談就談了三個多小時。她不是在當選後的政黨請益之旅，見過宋楚瑜了嗎？她和他還有什麼可說的？

宋楚瑜目前成了台灣「鬼見愁」型的政治人物。雖然忘情不了政治權力，其實在海峽兩岸都已經失寵。他不講道義，藉他人場子企圖增加自己光環，卻事與願違。

一位當年赫赫有名的宋省長，落到今天這種地步，還連累一些跟著他的人，真是悲哀。他是即將出局的人，蔡英文卻正要登上高位，兩人根本沒有什麼好說的。她要和宋楚瑜說什麼呢？談天寶舊事嗎？

蔡英文找上宋楚瑜，顯然她已經亂了方寸，以致病急亂投醫。是翁啟惠或浩鼎案困擾了她，還是家人涉及股市的關係？目前她經由林全組閣，缺乏亮點，本身又不是有自信的政治人物。在習近平的節節進逼下，我很同情她，希望支持者團結在她的周圍，成為她的後盾。

這是個令人迷惘的時代

我從來沒有見過這種時代。很多人不知道他們該往哪裡去，自己究竟從哪裡來。不該發生的事都發生了，期待發生的事卻沒有發生。領導人自己都如此，叫社會大眾如何措其手足？

於是我們有了遭到搜索和境管的中央研究院院長。有不知所云的各型名嘴和政客。有先放後押的電話詐騙嫌犯。有從五大弊案變成五大政治案件的台北市長。尤其是有了不知道該將我們帶往何方的新任總統。她還有將近一個月才上任，但已經捲入各種是非而搖搖欲墜。

通常總統第二任才會跛腳，蔡英文卻第一任還沒有就職，就已經不知道該走向何方。天啊！蔡英文起碼要幹四年總統呢，她這麼一來，這個國家或地區究竟該怎麼走？她預先可有腹案？

當很多人在罵蔡英文的時候，我從來不罵她，甚至幫她說話。雖然只有一飯一聚之緣，我並不認為她是貪財好名之

輩。民進黨太多人想選總統了，最後卻由綠營中最沒有淵源的蔡英文勝出，是上天在開她的玩笑。我曾說，她一定會當選，也一定會後悔，因為她的對手是胸有成竹的習近平。一切正在應驗中！

幫蔡英文當選者，在她上任後一定要繼續幫下去。不可像對柯文哲，當他人氣高時，圍繞在他周圍，把他的屁話當香氣，讓他忘其所以。如今柯P的人氣低了，跳船的跳船，K他的K他。他本來就不是東西，在台大創傷醫學部時，對他而言已經物超所值，把他弄來當台北市長，根本就是災難。首都目前這種狀況，當年支持他競選的人沒有責任嗎？你們忍心棄他而去嗎？

文哲如此，英文亦然，支持她的一個都不能跑。馬英九錯的，在蔡英文身上不能錯。國民黨時代沒有做好的，蔡英文領導的民進黨一定要做好。蔡英文說獨就獨，說統就統。聽她的話準沒錯，她不是一向為台灣考慮嗎？因此一言一行，必有深意。

然而實情如此嗎？蔡英文真的知道她在做什麼嗎？她有那麼大的威望能定於一尊嗎？我懷疑她知道卻做不到，希望大家都能幫她，施以援手。

這真是一個很多人不知道從哪兒來，該往何處去的時代。蔡英文恭逢其盛，就應拿出魄力來。很多人需要領導，而她就是領導，目前沒有人能取代。

蔡英文新總統，大家都看著妳，不要讓人民失望了！

台灣不肖媒體政客都在轉彎

永遠不要擔心會沒有新聞，也不必怕會斷了評論。只要一些不肖的名嘴政客們，還在公共論壇上指手劃腳，看他們那種令人笑掉大牙的表現，靈感自然來，而且源源不絕。

姚立明博士不去拯救台北市長柯文哲的民調，居然有心情上電視談他對大陸司法及執行的了解。他不是很懂大數據嗎？以輔選柯 P 成功而成為姚神嗎？他太太是市府法制局長，他自己住進太太市府的職務宿舍，如今柯 P 不神了，姚神你在哪裡？

姚神不在柯神身邊，他跑到各大電視台成為嘉賓。很多人仍把他當神看待，他只好以神的面目出現，侃侃而談。

姚立明在和我同上節目時，並沒有向我解釋他為什麼那麼恨馬英九，但我感受得到。當年他的名稱是紅黨黨主席，聽說跑遍各大政黨，參與不少選舉也只贏了一次，其他都是必須掉淚的「魯蛇」。

我才不管姚立明在政治上的成敗，他在我身邊有三分忌憚

就行，我還幫他擋了沈富雄的連珠砲呢。對他較有意見，是他講陳水扁前總統在日本藏了三百億新台幣，害得特偵組一查再查，找他來問，姚博士居然說他是聽來的，全案只能簽結了事。

最近有一些名嘴政客們都在改口，他們已經看出苗頭不對。跑得最快的是胡忠信，周玉蔻也在跑路行列。我監看的電視不多，其他人表現如何尚不清楚，但最令我駭異的是，以前見風轉舵還算靈活的姚立明，這次算吃了秤砣鐵了心，無怨無悔地支持蔡英文，大肆批評中共。他真是台灣第一勇，正邁向死路而不自知。

姚神啊姚神，難道你看不出來，你說的蔡英文紅線正在退縮？大陸的公安和檢察制度都在改變？你在德國學的那一套已經落伍，上台前看看新書吧，包括大數據在內！

姚立明聽好，當你說中共不了解台灣時，我要告訴你正好相反，是你不了解中共才對。千萬記住了，以免到時改口發生困難！

翁啟惠應辭職　由蔡英文指定新院長

我在四月七日PO文，希望中央研究院院長翁啟惠，從美國早日回來，專心打官司。當時的傳聞很多，有人認為他會畏罪潛逃，滯美不歸。有人認為他會回國，在立法院接受質詢後，向馬英九總統提出辭呈，勇敢面對。

一切都不如外界所想，翁院長畢竟是翁院長。中央研究院是全國最高的學術單位，有經費有人脈，老中青的人才濟濟，院長去留豈是一般人憑想像即可知道，當然必須出乎意料之外才行！

於是翁啟惠回來了，原先的辭呈也作廢了。他見了馬總統，表示要和總統一樣，努力到最後一刻。他到立法院說明自己的委屈，備受禮遇。雖然聽起來怪怪的，但翁啟惠果然不愧是翁啟惠，擺平了一切。

要不是士林地檢署發動了搜索，也做了強制處分，使他成了第一個因貪污、背信等案，導致中研院長辦公室被翻箱倒櫃，院長本人則被境管的司法案件，翁啟惠已經輕騎過

關，將平安幹到十月。

翁啟惠大概作夢也沒想到，明天還要進總統府，和他一向不太放在眼裡的馬英九見面。他是前院長李遠哲叫回來接中研院的，兩任院長都親綠而排藍。雖說中研院名義上隸屬於總統府，但藍色的總統府管不到綠色的中研院。他是中研院的領導，實際上擁有治外法權。

明天會是翁啟惠這輩子最難過的一天。他要向馬英九辭職嗎？如果他只道歉而不辭職，馬英九仍要他辭，他怎麼辦？道歉不辭職說不過去，辭職才能專心打官司。不過遇事先辭，又好像自己的官司有事，以後誰會相信他無辜的辯解？

最好是翁啟惠要辭，而馬英九堅持慰留，雙方期待真相大白，或院長兩任期滿的那一天。但這需要交情和默契，才能放心唱双簧。他和馬一直沒有交情，和小英以前一度曾有過默契，但事到如今，一切難說。他能怪別人過河拆

橋，採取保命策略嗎？誰叫他恃寵而驕，捅下了這麼大的婁子？

不少人問我，如果你是馬英九，你會怎麼做。我的答覆很簡單，一切都聽蔡英文的。她說翁該走就走，翁該留就留，新院長該圈誰就圈誰。

馬英九千萬不可以有自己的意見。再二十多天就下台了，蔡英文即將上台，她總該負起自己應有的責任。雙英如果能在這最後的階段無縫接軌，也算成就一段政壇佳話，不是嗎？

翁啟惠事件　供全國人省思

翁啟惠事件是值得國人思考的案子。他是最高學術機關中研院的行政首長，如果不出事，一輩子供人仰望，一旦被檢調打下來，如同天人被打入凡間，大家都可評頭論足。

翁啟惠涉案充滿張力，和新舊任總統都有關係，但兩位總統似乎搞不定一位中研院長，這是怎麼回事？

如果問我意見，這件事卻很好處理。區區一位翁啟惠，在他出事之後仍然企圖頑抗，也未免過於自負。

如果新舊任總統蔡英文和馬英九的意見不一致，翁啟惠還有靠向一邊的可能，在兩位總統中間見縫插針。一旦新舊合體，針都插不進了，翁啟惠豈有不手到擒來之理？

翁啟惠既然被偵辦，就是檢調人員眼中的嫌疑犯，必須配合調查、提出證據，才能證明自己清白。不能以一句無罪推定，就想不了了之，否則是一皮天下無難事的耍賴行為。

翁啟惠的第二任任期到十月為止，在此之前必須要交接。目前他不但要負刑事責任，另外還有行政責任和政治責任都必須負責。

他能拒絕立法院的傳喚，躲著不出面說明嗎？他不知道早辭比不辭好嗎？誰給他創造了不辭的環境？誰又給了他負隅頑抗的本錢？

我曾提醒馬英九童鞋不可以有自己的意見，一切都要聽蔡英文的，就是在創造新舊任總統合體的效果，避免翁啟惠見縫插針的空間。

蔡英文對很多事都沒有公開表示過意見，但這次翁啟惠的案件發生在她即將就職前，是她的案子，她不能對即將列管的事情毫無主見。兩人既是舊識，她怎麼說他，牽動了太多的人心，坊間已有太多的臆測之詞。

至於馬英九就不必努力到最後一刻了，現在就進入看守

吧！他反正做或不做都有人表示不滿，何不乖乖聽蔡英文
的？

蔡英文應鍘翁啟惠以自清，為中研院另覓新院長，展示權
威。蔡英文加油！

馬英九官司纏身　純屬造謠

有很多事，前提一錯，結果就錯了。和馬英九官司有關的事情，就是如此。

520 當馬英九卸下中華民國總統的位置之後，缺少了刑事不受訴究的特權，會像八年前的陳水扁一樣，遭到禁止出境的命令嗎？馬英九將如何打官司？他會怎麼跑？或將直接押進台北看守所？這都是四月二十七日，台灣三立電視台，談得非常高興，口沫橫飛的話題。

節目主持人是綠色的廖姓女主播，參與者有陳水扁的鄭姓律師，和日前到台北地檢署控告馬英九的黃姓律師。當然還有一些不肖的名嘴政客，如周玉蔻，如姚立明等。由他們來談法律，尤其是有關馬英九的法律案件，我真是哭笑不得。

他們真的太外行了，有些還是提供不實證言，巴不得特偵組押了馬英九，以解心頭之恨的當事人，根本不值得我出面駁斥。但我又擔心流言四起，520 前後謠言滿天，只好

選擇充當多事之徒，把他們全都駁了。

家人和朋友都在怪我，喜歡和別人打賭，雖然我從未輸過。但以資深記者自居，只有這一招嗎？不必打賭別人也相信其他記者所言，不是嗎？

我是該罵，長期以來可能信用不好，只得採取打賭這一種方式。等到信用一好，我當然會把打賭戒了。

現在我要告訴大家，希望馬英九由總統府直接走向土城看守所的人要失望了。他不但會安全下莊，還不會有什麼官司。雖然告他或企圖搶鏡者不少，但都是老案子，司法人員把卷宗調來一看就知道，不會沒事就傳他的。檢方如此，院方如此。特偵組這樣，地檢署也是這樣。不管什麼顏色執政，由哪一位辦理，結果都相同：馬英九的官司不會有事！

由於有以上的認知，馬英九當然不會被境管，他可以自由

出入國門，做他想做的事。誰都可以討厭馬英九，喜歡與否不需要理由，民主國家就是這樣。但是一旦要法辦馬英九，就必須附上法定理由。這是法治國家的特色，不是弄一些不肖的名嘴政客們，在電視上愚弄社會大眾就可以判罪，因為百姓還有很多清醒著呢！

520 很快就到了，我的特色是把話説在前面，等待驗證。不相信嗎？要不要打賭！

獨立記者不是真正記者

我對獨立記者毫無興趣,對真正的記者卻有孺慕之情。記者,記者,多少人假汝之名以行惡!今後還會有令人尊敬的記者嗎?

我是社會記者出身,兼及司法和政治。由於不屬根正苗紅之輩,在同業面前氣勢或許有之,但絕不令人敬畏。我知道自己的長處和短處,在余紀忠先生的重用和縱容之下,倒也痛快地過了耳順之年,正邁向從心所欲不逾矩的七十大關。

一些和我同事過的人都知道,劉老大的道德標準極低,但對新聞標準卻有極高的要求。新聞如果不快、不新、不真或理盲而濫情,一定被我打回票。大家視劉老大看稿為畏途,最好他今天不上班,或乾脆慘遭橫禍。

從去年知道網路開始,到今年了解獨立記者這件事,我對記者的職業感到悲哀,更迷惑於獨立記者這四字的意義。記者不是都應該獨立的嗎?獨立記者究竟指的是什麼

東西？

原來是我坐井觀天，不知道外界發生了什麼事，其實記者這一行，不獨立已經很久了。新載具如雨後春筍，舊媒體又紛紛關門，留在線上的記者，既要適應新東家，又和老同事分離。新的老闆粗鄙無文者多，新的同事薪水既少，又一臉無知。在沒有奧援的情況下，要他們如何施展身手？

於是有抱負有決心的人，為了適應新環境，逐漸變得有所懼也有所求。他們向下沉淪，成為庸庸碌碌之輩，跟著大夥一起打混。

記者如果放上難看或走光的照片，那是故意挑的。有真正的記者會不知道，所引述的話將帶來什麼樣的反應嗎？那些故意嘲諷的照片，將給當事人帶來什麼樣的打擊嗎？

因此別裝無辜了，一切都在意料之中。打擊他人，成就自

己，是目前很多自稱記者的人會幹的事，但他們在我眼中，都已經出賣了記者的靈魂。

記者應該有所為，有所不為。以前我認識很多同業，他們都有值得敬佩的地方。但隨著年紀愈大，這些記者不是已經歸隱山林，就是改行從事其他工作。目前少數還在混的，已經向現實妥協，打著資深記者旗號，正在幹見不得人的勾當。

獨立記者是近幾年的產物。他們自己養自己，甚至還要養家，只得向權貴靠攏，向利益低頭。士大夫之無恥是謂國恥，不僅指中研院長翁啟惠說的，很多包括所謂獨立記者在內。

何謂行政中立 何謂審判獨立

要如何定義獨立記者，是一件很難的事。目前的法院或立法院都傾向承認有所謂的獨立記者，但我卻反對，因為一旦承認了，後患無窮。

按理說，行政應該中立，而審判應該獨立。中立是指依法行政，除了按照法律的規定辦事，必須不偏不倚之外，只聽從直屬長官的命令。獨立則更嚴，連直屬長官的命令都不能有。當審判獨立時，不能有任何干預，只能在獨立的審判之後，從事有無上級審的救濟。

中立不能偏，獨立不能管，但這些行政和司法的措施，在民眾眼中，卻很少人相信。多數人認為，執政黨一換人，行政和司法就跟著一起轉了。大家都在看風向辦事，換了屁股就換了腦袋，當選者過關而落選者被關。

台灣的民主水準，經過多年努力，還是現在這種程度，多數人都有責任。法治更別說了，太多人霸凌了法律，脫法而搞特權。他們宣稱司法已經死了，在這些人眼中，台灣

哪裡是個法治社會？

蔣介石想把台灣當成反攻基地，蔣經國想把台灣建設成三民主義的模範省，他們心中想的是大陸和台灣同屬一個中國。李登輝時代想的是兩國，想把台灣獨立出去，陳水扁亦然。直到馬英九時代，回到了一中軌道，但以獨台代替台獨。蔡英文則假獨台之名，行台獨之實。這些風雲變幻，我親身經歷，並引以為憂。

看著大國崛起，也看著台灣積弱，我不能視而不見。蔡英文終非習近平之敵，因此我一再勸她，早點認清時勢，改變態度。因為廟與和尚都在，她跑不了的。

至於兩岸記者地位的改變，是全球性的話題。科技一日千里，載具日新月異，台灣有名嘴之亂，大陸何嘗沒有公知議政之苦？要如何才能制止這些自稱為媒體人者，知所收斂，是全體中華兒女必須共同面對的課題。

目前一些不肖的媒體政客，已經淪為社會的亂源，不能再加上一堆自稱為獨立記者，從中作怪。

如果加了獨立媒體，試想今後政府機關的記者會要怎麼開？要通知獨立記者嗎？當人人都以獨立記者自居時，是否等於通知了全民？當所有獨立媒體和記者，都享有大法官會議 509 號解釋的保障和特權時，那誹謗罪豈不形同虛設？

把真正好記者供養起來

大約半個世紀以前,當我還在東吳法律系念書時,一位當教授的李姓大法官在課堂上公開說,憲法上是規定了必須獨立審判,但是如果政府不編列預算,法官拿不到薪水養家,各位想想,審判如何獨立起來?

沒錢生活,就不必唱獨立的高調。這是前大法官的詼諧說法,也是我半生歷練的啟發。司法人員如此,記者亦然。自稱獨立的記者,很多是假獨立之名,自謀生活的角色,沒有待過新聞單位,不配稱為記者。

在我眼中,記者就是記者,地位崇隆。他們是言論部門的骨幹,不拉廣告,不必經銷。記者除了有安全顧慮外,必須具名發稿,以示文責自負,承受一切民事和刑事的責任。就算是總編輯要寫稿,也只能署名本報記者發文,而不是本報總編輯某某。

記者自有其倫理和規範,有基本的薪資和一定的守則,他們的內控和外控機制,不是單幹戶或玩票者所能了解。但

記者必須是有人養的，不能任其自行討生活去。言論自由號稱第四權，第四權不受控制而亂了套，社會國家自然就亂了。

在文人辦報的時代，新聞和記者都有跡可循。誰的報紙辦得好，誰的新聞跑得好，有一定的口碑，也有一定的地位。現在不同了，消息來來去去，不知誰抄誰的。閱聽大眾不知何種為真，何種為假。看電視和其他媒體的說法，又各吹各調。

這些人都以學者專家自居，或自稱是資深記者，究竟要聽誰的，令人大費思量。難怪不少人感嘆，目前的新聞雖多，但實在太亂，達不到令人耳目一新，又能說出真相的效果。

真正的消息究竟如何，果真沒有市場了嗎？我不認為如此。否則哪有那麼多人到處打聽真相究竟如何？這就需要真正的記者們出馬。

跑新聞是一件非常專業的事，不能只靠玩票，希望瞎貓能夠碰上死老鼠。不相關者，連單位大門都進不去，何況去問人？記者幹久了，退到第二線，可以當作家，可以寫專欄，或轉行為他人服務，全憑本事。

然而記者如果還在線上，就必須投入採訪。採訪沒有任何成果的記者，就是廢人一個，慘遭淘汰，是預料中事。採訪費錢費時，必須有人提供經費和薪資，否則誰會去幹為民伸冤，作民耳目的事？

把真正記者集中起來，專業提供閱聽人真正的消息，其實是政府、基金會或有良心的財團和大眾媒體等應該從事的工作。這個圈子不大，好壞都有定評，就看有心人是否願意從事了！

什麼是有罪推定　什麼是無罪推定

觀念先要自己搞清楚，才不至於愈弄愈亂，或人云亦云。家事如此，國事亦然。

不想冤枉人，就必須無罪推定。所謂推定，是假設的意思，先假設其人為清白，等有罪的確定證據出現，才能指控他人。

因此，敢跳出來指控者，必須負舉證的責任。不能含砂射影，在公共論壇語帶曖昧地說，用膝蓋想想就知道，不必經過大腦。說這種話的不肖名嘴和政客，根本就是腦殘。

無罪推定的好處，是沒有人會遭到冤枉，但卻有人會因證據不足而被縱放。

有罪推定則正好相反。寧可錯殺一百，不可縱放一人的心態，容易造成冤枉和刑求。「就是你！就是你！你怎麼還不說？」於是三木之下，何供不得？一些冤假錯案，就這麼發生了！

法官斷案，必須處在無罪推定的狀態，才是獨立審判，也才能公平聽訟。當法官們把在庭論告的檢察官和被告律師或當事者，一視同仁時，自己才能不偏袒任何一方。這是刑事訴訟法由職權主義，往當事人進行主義位移的精神。

檢察官或律師卻不是如此，他們平時應該無罪推定，不可冤枉其他人。但是碰到具體案件，卻必須做有罪推定，否則案子辦不出來。律師更需為當事人做最有利的辯護，即使他是十惡不赦之徒。這是原則，也是規定。

當然檢、警、調辦案，不能把每個人都當作嫌疑犯。但在嫌犯出現後，應該將他當成肇事者處理，直到證據顯示他的清白。

在偵查中，有罪推定才能辦好案子。就像記者，一旦沒有問題意識，到哪個單位都問不出一個所以然來。

對嫌犯應該戴頭罩，避免他們曝光。偵查不公開，因為結

局尚在未定之天。偵查和審判，前者主動而不公開，後者公開而不主動，當然有其道理在。

大家最近看幾個大案，有的人心曠神怡，有的人一頭霧水，懂和不懂就差這麼多，可以慢慢體會。

作證是國民義務　包括總統當選人

理論是一種觀念，舉例是一種實務。觀念和實務都要強，才能說服別人。

立法院前任秘書長林錫山涉及貪瀆等案件時，我說這是一件佈線精確，收網成功，值得作為偵辦範例的案子。不料案件起訴後，無聊的批評卻不絕於耳。

對檢調的抨擊，大部分還是來自那些不了解目前檢調作業的名嘴和政客。他們的理論和實務，只能唬唬外行人。

馬英九和王金平曾經有過馬王鬥，但那是法務部長和檢察總長換人以前，要寫我可以寫一卡車。

林錫山確實是王金平的心腹，但他涉案是遭人檢舉，和王金平無關。否則院長涉嫌貪瀆，辦案層級就是特偵組，而不是台北地檢署。林錫山被北檢羈押當天，我就說王金平被指涉案，已經由行動予以排除，道理在此。

內行的看門道，外行的看熱鬧。本案由林錫山說到王金

平，由王金平説到馬英九，老飯重炒，把並未涉及刑案者硬扯進來，或以政治案件視之，這是名嘴政客們在惹事生非，對社會國家有害無益。

退一萬步説，就算找了總統當選人蔡英文出庭作證，破壞了什麼規矩？不可以嗎？蔡英文或她的律師有表示反對嗎？當事人都願意了，其他的人説什麼嘴？

蔡英文是學法的人，當然知道作證的行為對她有利。不但排除了她收受不法政治獻金的傳言，也代表她本是個守法者。陳水扁和馬英九在當總統時，有刑事豁免權，照樣以總統之尊出過庭，何況蔡英文只不過是總統當選人而已，有什麼不能出庭的？總統當選人不出庭，難道等 520 就職後才出庭嗎？或從此就拒絕出庭了？

檢調當然知道傳蔡英文作證時，她已經當選。因此對她應如何尊重，案件應如何簽結，都有一定的規劃和處理，不勞外行的人費心。不了解檢調和法院的外行人，除了自拉自唱、自得其樂之外，他們願意告訴我，案件如果落在自

己身上時，將會怎麼做？

偵查不公開是指起訴之前說的，起訴之後是應該公開的審判範圍。律師可以閱卷，證人必須交互詰問，記者可根據起訴書東問西問，此時消息四處流竄，憑什麼指控一定是檢調亂放消息？不會是記者互抄或加了添加物嗎？

或許有人趁機利用了政客和名嘴，情況不一而足。只要檢方調查自己人並未洩密就行了，查不了天下人。何況記者圈近年來洩密加工者多了，他們走在路上都可撿到機密文件，但有哪件洩密案曾經因而查獲？或有記者由於亂講或提不出證據而坐牢？

不要得了便宜還賣乖，身為資深媒體人，我真看不起目前一些線上的記者和名嘴。沒事時看看劉老大的文章吧！尤其是一些有關目前的檢調實務，及何謂獨立，何謂中立等觀念。

記者寫稿　至死方休

我自認是天生的記者，只要還能動筆，一輩子都會繼續寫下去，不論方式如何，總該至死方休！

我很少吹噓自己的人脈，絕不曝光消息來源，除非當事人拜託。我可以不寫，寫的都是真的，因此不怕有人出面提告，視官司如無物。不像有些記者，既要散播謠言，又怕有人控告。他們的膽怯，溢於言表。

不管社會如何進步，永遠需要第四權的監督。因此記者是良心事業，不能見風轉舵。

記者犯錯必須負責，並向大眾公開認錯。我認為偶爾犯錯的記者並不丟臉，閱聽大眾沒有那麼嚴苛。天下沒有不犯錯的記者，只有不認錯的記者。當記者沉迷於權位、名利、金錢或掌聲時，良心已經被狗吃掉了，還幹記者做什麼？

我想當兩岸間稱職的記者，目前正在努力中，也出書談論

兩岸事，想到哪裡就寫到哪裡。或許是記者出身的關係，舉例常跟著新聞跑。要看者盍興乎來，不看者沒有關係。可以討論，不准鬧場，否則別怪劉老大不客氣！

目前兩岸事務在抬面上的三位領導人，馬英九我最熟，但快要下台了。蔡英文只在四年前，私下吃過一頓飯。她即將上台，但和我的統獨立場南轅北轍，無話可說。至於習近平，我知道他，他不知道我，我們倆人從來沒有見過，但對我來説，我知道他可多了。

我對習近平的了解，並不是來自二手傳播，都是他第一手的講稿和演説。二手傳播大部分來自有心人，有捧他的，有罵他的，那是放大和扭曲的習近平，不能當真。但講稿和演説就不同了，就算大部分由別人寫，但文膽知道他的心意，必須他看過或改過，這些都代表了他的想法和作風。

我要知道真正的習近平，沒有比從第一手資料中找，更有

效的方式了，這是記者的手法，大家不妨試試。

站在馬英九、蔡英文、習近平等人的立場看問題，很多事昭然若揭。因為兩岸間幾乎沒有秘密，不但各種管道的接觸不絕如縷，許多根本就是陽謀而不是陰謀。

我早就寫過，要讓海峽兩岸的子彈飛一飛，要讓習近平的颱風吹一吹。有人很奇怪地問我，馬、蔡、習三人都去做領導人該做的事，結果怎麼可能三江匯流而達成好結果呢？我認為這是歷史事件，要時間經過才能證明誰是誰非，只好耐心地等待。

終於 520 快到了，還不到兩個禮拜，該來的總會來的。劉老大在公共論壇上是留是走，很快就會揭曉。各位名嘴政客們，滿話好說，滿飯難吃，自己說說吧！萬一不準時的處罰方式如何？大家到時可要驗證你們是否曾經改口。

海峽傳來濃濃的煙硝味

就浩瀚的時間長河看，人生只是一瞬。心有罣礙者或許認為二十四小時太長，其實忙碌的一天很短。對老記者尤其如此，因此必須留下紀錄。

李登輝當總統發生導彈危機的時候，已經二十多年過去了，但對我來說，歷歷如在眼前。當年海外大部分人士都認為兩岸差不多打起來了，只有住在台灣的人被李登輝的十八套劇本所騙，「我們有英明的李總統和美日聯軍，中共不過世界一獨夫耳，怕什麼？」

當年的台灣，真心害怕的很少，視大陸如無物。但我們是媒體，不反映現實不行。印象最深的是記者楊索，她和林照真、張平宜都曾是我手下的超級紅牌，有三大女作家之稱，寫起新聞報導真好，但也確實真長，既然字字珠璣，連我都不知從何刪起。

導彈危機當前，楊索自動請纓，跑到馬祖東引最前線。雖然台灣後方仍在緊吃，但楊索前方吃緊的消息如雪片飛

來。她自己開闢了一個「戰地手冊」的叫座欄目，不少人都看她怎麼說。

楊索不愧作家名號，東引每天都吹一樣的風，一樣潮起潮落，她就有辦法從風中聞到濃濃的煙硝味，又在漲潮退潮間感悟人生，不簡單吧？

飛彈危機在美國總統柯林頓派出兩個航空母艦戰鬥群趕赴台海時，由中共向台灣南北各打一顆導彈結束。潛伏中共的間諜劉連坤，因李登輝大嘴巴透露啞巴彈秘密而落網犧牲。而楊索不但是名記者，還因未發一炮一彈的「戰地手冊」出了名，莫名其妙被叫成了軍事記者。

回想舊事是因為目前有了新事。現在雖然泛綠媒體儘量不提蔡英文如何應付九二共識，只提她的酒、她的客人、她的穿著打扮和她的體貼，但對台灣竟然有人不和他們一起對付中共，而成為習近平恐嚇台獨共犯者，既不齒又不解。他們互相問，「這種有資格叫做台灣人嗎？」

尤其有一位從大陸跑到美國，又從美國跑到台灣的反共人士，堅定地表示，大陸民眾只看股票指數，才不管台海情勢，習近平陷於內憂外患，他不敢打，也打不起。美國和日本還是世界第一，台灣完全有資格在世界上昂首闊步，千萬不要被大陸騙了！

跑出大陸罵大陸，綠營居然把這種人當寶貝，蔡英文難道昏了頭，分不清敵友了嗎？她即將是台灣的領導人，和大陸是戰是和，全在她一念之間，千萬不可自誤誤人。

習近平時代和江澤民時代當然不同，二十多年說長不長，說短不短，但變化萬端，彼長我消的局勢非常明顯。我是台灣人，也是中國人，難不成我也是傾中賣台的貨色，在清除之列？

我當然看不起那些言不由衷的名嘴和政客。當空氣中充滿濃濃的煙硝味時，希望他們都能團結護台灣。不過我的膽子小，一旦聞到可能會先跑，醜話可要說在前頭。

聯合國決議文　宣告一中原則

聯合國 2758 號決議文，其實就是蔣介石時代的「排我納匪案」。當年大陸、台灣互稱為匪，一個被叫著朱毛匪幫，一個被叫著蔣匪叛國黨，兩岸人民都在吃香蕉皮、啃樹根，但沒有人敢問，有那麼多的香蕉皮可吃，皮內的香蕉究竟跑哪裡去了？

現在不少人不談香蕉皮和樹根，卻談聯合國 2758 號決議文和一個中國是不是有關了。真是無聊，真是蠢問題，看了劉老大的文章，還會這麼問的，我建議不要再看了。和一個中國無關，難道和兩個中國有關？醫療無國界也好，犯罪無國界也罷，一中是一中，兩中是兩中，一國和兩國當然不同。

聯合國 2758 號決議文說的就是「一個中國」，這個唯一的中國，究竟由大陸或台灣來代表？我在今年三月三日的 PO 文，把國共雖然內戰，爭的卻是一中的代表權，絕非隔海分治的分裂狀態，說得非常清楚。

我認為兩岸終歸要統一，這是世界的共識。聯合國和安理

會一直都有中國的一把椅子，只是由誰代表來坐而已。

就像蔡英文將於 520 坐上馬英九坐了八年的椅子，中華民國的總統依然只有一位而不是兩位，這還不明白嗎？一個國家分裂了才需要統一，引發的領土和主權爭議是內政問題。兩個國家之間不能統一，強硬合併叫侵略，是國際事件。這還不懂嗎？

一定要把一國和兩國、內政和外交、一國兩制或一國一制等觀念搞清楚，我從書到文章都在做這些事。有些人清醒時問他都懂，一旦迷糊卻全忘光了！其實這根本不難，靜心思考即可一通百通。

當你通的時候，會覺得那些不肖的名嘴政客，全都是唬人之輩，連本身都破綻處處。他們或許不知，或許強不知以為知，但你一定不會受擾或受困，反而覺得有趣得很，就像看著猴子演戲，大家趕快試試！

國家需要死刑　社會不容廢死

光談死刑的存廢，我可以寫一本書。包括死刑的沿革，存廢的理由，各種靈異事件和小道消息等等。

寫監獄和刑場，我是高手。什麼走過生死門，什麼踏上陰陽界，都是我創造的詞彙。

我碰過不打麻醉針，想親自嚐嚐子彈穿心滋味的死刑犯，見過執行最多死囚的高檢署檢察官，訪問過待決死囚的最後心聲，更有幫派殺手赴死之前交代親人向我問好。

我是死刑專家，反對廢止死刑。因此即將下台的羅瑩雪，把隨機殺人的鄭捷快速地槍斃了，我認為是功德一件。她做了法務部長本來就該做的事，應給予讚美和掌聲。

有人罵羅瑩雪，但那只是少數中的少數，有更多的人支持她。王清峰和羅瑩雪都是女性的法務部長，都是律師出身，但王清峰因拒不執行死刑而下台，羅瑩雪卻在下台前仍執行死刑，兩人都會在司法史上留下紀錄。

死刑是最高法院的法官判決定讞的，法務部長只是依法執行的人，照理只能執行定讞的判決，否則法院判決將無既判力可言。但法律又賦予法務部長太多審酌的權力，因此大家都知道，在牢死囚是否看得見明天的太陽，全繫於部長一人身上，其他人管不到，幾乎都是橡皮圖章。

最內行也知名度最低的前法務部長呂有文，常和我聊天並談死刑事，我建議他對死刑犯，應該先求其生。不過如果求其生而不得，則應趕快把死刑犯槍斃了，以免他們既受死之煎熬，又浪費國家公帑。呂有文認為我有歐陽修之古風，又有俠義精神，深以為然。

敢隨便殺人，就要有被殺的準備和苦水。人情如此，義理如此，法律也是如此。新法務部長邱太三，520上任後說說你的看法吧？是跟羅瑩雪，還是跟王清峰？你需要接受大家的檢驗！

劉老大的520症候群

蔡英文、林全等人上台只剩一個禮拜了，最近我突然忙得很。要監看電視找靈感，看到誰，誰就倒楣。要和粉絲們保持互動，盡盡版主的責任。要跑些新聞，增強自己的信心。更糟糕的是，犯了記者的老毛病，很像已經天不假年，特別喜歡發表意見。

我真正的輸贏在習近平，他如果這次520打不過蔡英文的台獨論述，表示我看錯人，算我自己和自己的打賭輸了。雖然沒有人和我賭，但我仍然願意退出公共論壇，以示負責。答案快揭曉了，當然坐立難安。

綠營名嘴政客的言論，正在互相推諉，正在轉彎，我看在眼裡真是感慨萬千。沒有想到現世報來得這麼快，來得這麼明顯。

今天的大地震，三立電視台説是老天向明天即將登島立碑的馬英九總統示警。但三立為何不説是習近平的地動山搖説，正在台灣地區提前實現呢？蔡英文既不打算承認九二共識，公開和習近平為敵，她和台獨分子都該小心了！

一次地震，因為立場不同，而有兩種解讀，這就是台灣目前的內耗和弱智。

行政院長張善政和法務部長羅瑩雪，也受到反對陣營的同等待遇。以前對張善政的好評不見了，目前綠營正集中火力打他的「不可進行報復說」。張院長不希望新的執政黨，帶著仇恨之火清算新的在野黨，這有什麼不對，為什麼要舖天蓋地攻擊他？我倒認為張院長之說才是智者之言。

羅瑩雪部長居然臨去秋波，批准處決了隨機殺人的鄭捷案，支持她的掌聲四處響起，從國內紅到國外。綠營因而吃味，有要她卸任後繼續選舉而從政者，有要她乾脆轉行當名嘴者，這些不安好心的嫉妒之言，羅瑩雪怎麼聽不出來？只見她笑笑地回答，一切都不在生涯規劃之中，她將歸隱山林。

但是為了反對羅瑩雪，一些政客和名嘴只能幫忙鄭捷。他們打著人權的旗號，指責法務部可以等十八天不執行，為

什麼要在鄭捷提出非常上訴的十三分鐘前，將他槍決？

羅瑩雪答得好。她說如果過程不保密，法務部將如何執行槍決案？在所謂人權律師的干擾下，被判死刑定讞者，往往藉著非常上訴、再審、釋憲、赦免等方法，對死刑之執行進行干預和擾亂，使得依法執行的單位永無寧日。

羅瑩雪強調，她昨天趁著干擾來不及實施前，做了部長該有的決斷，因為我們是個法治國家，目前仍然存有死刑。

泛綠陣營不要忘了，今日的馬英九、張善政、羅瑩雪等人，一個禮拜之後全都下台了，換上台的是蔡英文、林全和邱太三。對岸還有習近平正在聽其言而觀其行呢。

忘了國民黨吧！共產黨才是你們的對手。國民黨已經被你們打敗了，但共產黨你們打得贏嗎？

政治強於法律　只能做不能說

大約半個世紀前，我在大專聯考之前填志願，只填政治系，其他不填。因為父親先當兵役課長，後來當上鄉長，母親則為代表會副主席。由於他們都在搞政治，導致我從小就對政治充滿了興趣。

沒想到父親居然找我談話，他說「你只填政治系好嗎？」我口沫橫飛地吹，政治管理一切，懂了政治之後，不就什麼都懂了嗎？

聽我吹完後，父親告訴我說，政治系太空泛了，還不如法律系具體。你如果真有興趣，念了法律一樣可以向政治進軍。以前父親的話就是命令，於是我又把法律系填在政治系之前，成了法律系的學生，但對政治的熱情依然不減。

我的法律和政治都沒念好，理論粗通，細節不懂。要不是後來當了記者，因工作需要，而在司法圈和政治圈裡打混，或許到現在還和其他不肖的名嘴政客一樣，兩者經常搞不清楚，以致誤己誤人。

政治和法律關係密切，但不可混為一談。我說過司法官不可以有政治立場，但必須要有政治考量，案件才能辦得好，辦得圓滿。

依我的體會，政治永遠在法律之上。有人說，法律是為有權人服務的，這和實情相符，卻也道盡了天下之不平。但如果取捨得宜，卻也沒有什麼不好，因為全世界幾乎都這樣，豈能獨清？

在社會混過的人都知道，強凌弱，眾暴寡，本來就是常態，也是人生成長的一環。一群乞丐，都會有個乞丐頭，但在成為頭兒之前，他們也有低頭沉潛的時候。

權力靠打拚而來，方式很多，但總不脫實力原則。真正的權力無法制衡，終將定於一尊。這是政治的起源，也是權力和政治之間的迷人之處。大家都在做，大家都不說。

就法律而言，將鄭捷執行槍決並無不當，但只有他被快速

行刑，有沒有政治考量呢？當然有！

陳水扁前總統關在台中監獄的專屬牢房，他後來被保外就醫而回家，現在還有人為他的特赦奔走，你能説這些沒有政治因素嗎？

馬英九總統即將下台，早就有人想把他限制出境，甚至關進看守所，許多人都覺得政治追殺已經開始。這只是法律案件，與政治無關嗎？當然不是！

很多政治案件都以法律案件的形式出現，其實都需要政治解決。法律解決不了政治的事，但政治卻能解決所有法律的爭執。譬如總統的赦免權，還怕找不到理由嗎？只要總統高興，沒有什麼不可以。總統的政治權力，訂在法律之中，破壞了法律秩序，大家卻要遵行，這不是法律服務政治，難道是政治服務法律？

政治不能霸凌法律，法律也不應涉入政治，只是一種原則

性的宣誓。兩者是否混同，必需靠掌權者的自律和自覺。一旦有人既不內疚於神明，又不外慚於清議，那就麻煩了！

馬英九下台　全世界都是舞台

很多人像我一樣喘了一口氣，520 快到了，馬英九終於要卸任了。

隨著新舊任總統交接的腳步日益迫近，馬英九的朋友和敵人都百感交集。

不少人最近問我，今後政壇缺少了馬英九會如何？我當然知道問話者安的是什麼心，但都如實回答，有人鼓掌雀躍，有人搖頭離去。

大家有沒有發現，從去年底的「馬習會」，到一天前的龜山島，其中不論是太平島的視察，中南美洲的訪問，國土四處立碑，防他的名嘴政客砲火依舊猛烈，但馬英九的氣色愈來愈好，民調愈來愈高，他怎麼了？發生了什麼事？

我的答覆是，這才是我認識的馬英九童鞋。雖然說要幹好幹滿，沒有看守期，直到最後一天，但他不會再有其他動作了。以罵他為樂並賴以為生的人請放心，下一周他只會

想到如何搬出總統府，好好交接給蔡英文。當男版和女版的馬英九在無縫接軌時，他們千萬要把握造謠生事的最後機會。

下台後的馬英九只會更好而不會更壞。我早說過他的官司根本不會有事，包括所謂黃世銘的洩密案在內。

馬英九不可能被境管，歷任總統沒有人比他清廉。台灣的司法當然還有努力的空間，但縱放者有之，冤抑者卻幾乎絕跡。這是進步的怪現象，不是退步的壞現象。

當然要相信我，怎麼可以相信其他不肖的名嘴和政客。綠營對馬英九的政治追殺確實已經開始，但不會得逞。他們正在給蔡英文添亂而不自知，難怪小英臉上有自然呈現代表苦惱的三條線，和硬擠出來以供拍照之用的假喜悅，害得我一直把她當成可憐人。

馬英九連任的低迷民調時代已經過去，他下台是開創第二

春的開始，世界各地都是他的舞台。

馬英九在台灣創下了選市長和總統不敗的個人紀錄，但卻從雲端走向谷底。我從他身上看到了選民的熱心和無情，部下的公義和自私，政治人物應有的情操和不應有的變節。

他當然有該罵的地方，但出賣他的人早已口不擇言，並變本加厲地公開指責過了，不勞我出手。馬英九童鞋其實惠我良多，讓我看清了人性的美醜善惡，只是他不知道而已。

這一階段總算走到了最後，馬英九加油！保持目前的狀況一路往前，不以物喜，不以己悲，華人世界需要你！

領導者必須作出抉擇

只要是人,每天都在作抉擇,何況是領導者?

蔡英文在競選總統時,會被稱為空心菜,和她只攻擊對手,卻不提具體政見有關。

大部分的選民只要口號,不聽政見。就像很多愚蠢的鄉民,只要知道結論,卻不聽推理的過程一樣。

於是有些候選人,只用華麗的詞藻,夸夸其言。甚至一開始就左閃右躲,認為開出的競選支票,只要包裝得體,到時根本不必兌現。

但是這次蔡英文錯了。她在野時空心可以,專打執政黨的痛腳就行。一旦完成了執政最後一里路,非變成實心不可。因為攻守易勢,主客易位。持家方知當家難,風涼話於實際無補,她必須拿出辦法來!

辦法在哪裡呢?辦法一直都在。有來自於國外考察,有來

自於文獻資料，有來自於專家學者，有來自於網路蒐尋。不管是遇山開路或涉水搭橋，有心人總會找到出處。

改革的辦法和出路，全靠領導者的信心和抉擇。她不能不戰不和不降，不守不死不走。也不能一切訴諸公決，以民意為依歸。否則根本就在擺爛，自行亂了方寸。

蔡英文是新總統，520 就要上台，卻對是否承認九二共識，至今仍不願清楚表態。有人知道她對兩岸究係同屬一中，或根本分屬兩國的真正態度嗎？沒有！

一中或兩中，一國或兩國，是台灣與大陸要和要戰的關鍵。已經剩下不到一個禮拜了，一個連「一」或「二」都不肯交代的新總統，能讓大家放心嗎？她的葫蘆裡究竟賣的是什麼藥？

馬英九和習近平，對九二共識都清楚地表態了。他們都贊成一中，並搭好了馬習橋，蔡英文上橋與否，卻仍在猶豫

之中。

這次她不能模糊了。因為她以前是個獨派，如今披著統派外衣，藉殼上市奪得政權，就必須交代她的心態是否因之而改。

她可以上橋，也可以將橋拆掉，但總要打定主意，做出抉擇。台灣民眾不能每天依違在和戰之間。是買機票走人，或執干戈護土，總要給個交代。

蔡英文啊蔡英文，連所謂民運人士的假演說稿都已經四處流傳了，妳真的稿子尚未定案行嗎？不是要妳公布細節，那在保密之列；只是希望妳明說，承不承認九二共識，或以類似的文字代之。

我是媒體人，知道這是必要而且簡單的事，除非蔡英文還沒有準備好。但她又說已經準備了八年，難道一開始就在騙人？

泛綠陣營一再宣稱，國民黨不倒台灣不會好，如今國民黨倒了，即將乖乖交出政權，520 泛綠的美夢終將成真。不過我是真小人，對台灣究竟迎來的是夢想還是夢魘，始終存著小人之心，希望各方君子能預先告訴我：劉老大，你多慮了，台灣終將度過難關！

邱太三部長要說到做到

看了新科法務部長邱太三和民視記者胡婉玲的法律對答，我這位老司法對邱太三失望極了！

邱太三真的知道他在說些什麼嗎？蔡英文新總統到目前為止，仍被稱為空心菜，邱太三難道也願意被稱為空心邱？否則他在電視上為什麼都在打高空，不提出具體可行的答案？

連我都聽不出來，何況其他人！

邱太三支持廢死嗎？他在部長任內會簽准執行死刑嗎？他會指派專人和大陸進行電信詐騙嫌犯歸國偵審事宜嗎？會提供數據資料給法官要求詐欺一罪一罰嗎？

凡此種種，只見邱太三並未直接回答，只在周圍兜圈子。他說反對廢死雖然國內的支持民意高，但世界上已有一百多個國家支持廢止死刑，我國不能成為重刑犯的家園。

邱太三總算把一個鐘頭的時間繞掉了，中間談了管轄權競

合的各種可能和標準作業流程，但對於要不要執行死刑，
會不會到大陸把台灣人接回來偵查審判，他從頭到尾，不
說就是不說。

這樣的法務部長兼蔡英文和林全的法律幕僚，大家以為如
何？總統空心，部長空心，如果再加上院長也空心，那中
華民國豈不在政黨輪替之後，除了殼被佔了，連心都被蛀
了。一個空洞的國家，根本已經名存實亡，還有什麼存在
的價值。

我一再呼籲，大家要不分黨派，團結在蔡英文周圍，作為
她最後反獨促統的張本，這樣對台灣最好也最安全，看來
註定是要失望了。

國民黨被選舉打倒，民進黨又被執政打倒，民眾則是塑膠
袋不如紙袋，紙袋不如布袋，一代不如一代。夫復何言？

陳水扁害怕被關

有人問我關於陳水扁的事,他真是馬英九的對照組。沒有人對不起陳水扁,他把自己搞壞了,搞垮了。落到今天這個地步,只有兩個字:「活該」。

陳水扁不是真的要參加蔡英文的國宴,而是要永遠避免今後再進監牢。我沒有見過比他更怕被關的人,因為我認識很多人都被關過。

陳水扁在台北監獄時,我問過典獄長,他如果真的敢「賭自殺」,你會不會放他?由於沒有人這麼問過,賭自殺又是監所的專有名詞,典獄長略一思索就告訴我,他一定會把陳水扁放了,而且沒有任何監所敢再關他。

陳水扁應如何出獄的秘密,我寫在《新聞一本正經》的書上。既稱秘密,卻又公開,因為我賭當年尚在獄中的陳水扁不敢照做。他只敢假戲假做,讓監獄看破手腳,卻不敢假戲真做,讓監獄慌了手腳。這麼貪生怕死的人,假釋期間未到,怎麼可能先行出獄?

後來陳水扁還是以保外就醫的名義提前步出監牢，那是政治力介入的結果，雖然再度入監執行的機會微乎其微，但只要法令上還有一絲可能，陳水扁會覺得法令本身是個緊箍咒，他好不容易才出來，怎麼可能再進去？

在羈押和執行期間，陳水扁所塑造的台灣第一勇形象完全破功。他為了避免被關，無所不用其極，甚至不惜破壞台灣形象，向美國求援。他成了台灣的負債，而不是資產。蔡英文能不知道嗎？

不過陳水扁再差，都有一定的能量。民進黨有太多人欠他的人情和錢債，這些都不必還了？尤其他現在不好，需要他們幫忙，從蔡英文以降，豈能個個裝聾作啞，將陳致中之言，當成馬耳東風？

我認為陳水扁不會故意參加國宴，讓蔡英文難看，他沒有那個膽。蔡英文雖然不願見到他，但在各種氛圍中，又不得不對真正釋放他盡心盡力，因為赦免的理由好講，國家

又不必花錢，她則有專屬之權。在此一保外就醫的期間
內，陳家不但不敢鬧事，還會乖乖配合，使一切看來水到
渠成。大家瞪大眼睛看著吧！

中華民族復興　我有責任

很多人問我對蔡英文總統 520 就職演說的看法，我要套一句馬英九童鞋 kuso 的話：「寶寶不是馬腦水母，可是寶寶不說。」

今天也跑了有關司法的新聞，因為司法改革在蔡英文的就職演說中，獲得了最多的掌聲。

大家都對司法不滿意，但大家也都對司法陌生。我一樣不滿意，但和多數人的意見不同。原因散見在文章中，有機會將逐一細訴。

要相信我，不能相信其他不肖的名嘴和政客。到目前為止，馬英九被境管了嗎？他走出總統府有被丟雞蛋嗎？他被押到看守所以致藍營有人號召進攻巴士底獄嗎？我早說過馬英九會沒事的，原因以後再說明，就像去年朱立倫的搓圓仔湯案，一定會以不起訴處分結案一樣。我是少數中的少數，預測的和後來發生的事實都相符。

我沒輸，不需退出公共論壇。當我真正失手時，會自我了斷。

我出生於 1949 年，當年大陸淪陷中共建政，我卻於一個多月後出生，原來我命定擔任中華民族偉大復興的神聖使命，當然不可妄自菲薄。

我不能和命運相違，天生我才必有用，總該全力以赴。我會盡責，雖然年近七十，將用自己的方式，加強監督。

不肖媒體希望台灣地動山搖嗎？

電視上的《正晶限時批》，我才看半個小時就看不下去了。一群腦袋不清楚的人在公共論壇雞同鴨講，難怪很多人被搞得一團漿糊。

兩岸間停止官方來往，那些支持蔡英文的名嘴政客怎麼還笑得出來。他們不知道大禍即將臨頭嗎？他們不知道自己正推著小英走向萬丈深淵嗎？

海峽兩岸只有統一這一條路，不管你喜不喜歡，唯一的路就擺在眼前。去年底因為馬習會新建成的馬習橋在那裡，雙方領導要見面只能上橋，不能繞道，這是新的交通規則，不遵守都不行。

過路和過橋的前提及通關密語，都叫「九二共識」，也就是一個中國原則。很多人曾質疑九二共識，或根本否定有此共識存在，我曾呼籲以「馬習共識」取而代之。但因所有文件都用了九二共識四個字，取代目前尚有難度，只能加強此一共識的認知。

這些年來，誰都知道什麼是九二共識，就算是蘇起所創，但已成專有名詞。去年經由兩岸領導人在新加坡的背書，更有了自己的生命，不是隨便說一句「九二共思」或「台灣共識」可以替代，因為解釋權在北京而不在台北。

已有太多的解釋權由習近平決定了，他說有就有，行就行。他憑什麼？憑大陸近幾年的強大崛起，憑他個人可以掌控全局，憑大陸民意向他看齊，憑他可以指揮能打敢打的人民解放軍。

習近平是中華人民共和國的代表，人民把他框住，他也代表人民。就像蔡英文擁有台灣新民意，她代表台灣人民。因此綠營不要再談馬英九了，他已經卸任，就趕快把他抓起來，關進牢裡，稱了視他如寇仇者的心意吧！

你們那些笑得很開心的綠色支持者，看不出來目前是習近平和蔡英文在博奕嗎？站在蔡英文後面當她後盾者是什麼？是美日的支援或保證？是領袖雄壯威武的鐵衛軍？

或寧死不屈的台獨干城？

如果不是己方太弱而對手太強，以前兩國論的蔡英文不至於在 520 的就職演說中改變態度。

她向孫中山的遺像行禮，兩度高唱吾黨所宗，講稿易詞向一中靠攏，就差沒有說出「九二共識」這個詞。

蔡英文從兩中向一中走得這麼明顯，心不甘而情不願，你們看不出來她是被逼的嗎？你們把她拱出來，從中撈了好處，怎會沒有責任。幫著她去罵習近平吧，不要只會笑著拿錢或分官位，保衛大台灣或掃蕩小中國都需要你們，在敵人投降或自己降敵之前，一個都不准走。

我早就說過，選票是一種實力，鈔票是一種實力，武力更是一種實力，而蔡英文根本不是習近平之敵。傾中正是愛台的表現，因為美日不能表現出對台灣的領土野心。台灣沒有國格也沒有主權，大陸和台灣同屬一個中國，是世界

公認的歷史事實。你們不是專家學者，就是政客名嘴，不但本身不信，還在公共論壇散播謠言，說什麼大陸本身問題重重，台灣問題不是優先選項，所謂地動山搖是騙人之說，從來就沒有機會驗證。

你們輕估了對手，高估了自己。只認為對手不敢來而嘻皮笑臉，卻不考量萬一來了要怎麼辦，你們才是台灣真正的罪人。

在各位的挑撥下，習近平出招了，不是他的強硬，國台辦怎會從考題答一半，變成停止官方往來？你們居然說沒關係，這是冷和而不是冷戰，大陸正需要台灣的民心，而民心支持蔡英文，習近平不在台灣人眼裡。

習近平當然有很多事情必須考慮，一旦他決定地動山搖了，還會考慮台灣的民意嗎？台灣民意如流水他不知道嗎？兩害相權取其輕，大陸民意和台灣民意如何取捨，各位如果是習近平，會如何抉擇呢？

大禍即將臨頭，卻不知改弦更張。你們以為劉老大先行封關，在測試什麼？你們的嘲笑，不但把我提前逼出來了，更陷蔡英文於險境。大家等著瞧，是習近平輸，還是蔡英文贏？

海峽兩岸的分合　一中是底線

罵人捧人，我都是高手，要顯山，要不露水，完全操之在我。台灣的一些不肖名嘴政客會的，劉老大全都會。反之，劉老大如果有心整人，其他傢伙可能會目瞪口呆，卻不知從何學起。

江湖跑老的領悟是必須心存厚道，可以生氣，不能記仇。人的境界一寬，世界跟著變大。幫人即幫己，凡事要留下餘地，否則最後變成自己無路可走。

我從知道了網路的威力和弊端之後，一直思考它如何為善和為惡，也想東方世界應如何抗衡西方世界，拯斯民於水火。這些大題目現在就別說了，因為太複雜也太煩人。

說我熟悉的台灣吧！蔡英文的時代已經啟動，我會善盡言責，因為我確切知道台獨將會帶來危險。不過我不會角色錯亂，不像其他想沾光的人，利用支持她當藉口而圖利自己。

這些打著紅旗反紅旗的人太壞了，謊稱為公不為私，進行

大義滅親的表演，其實都在幹見不得人的勾當。當有一天
蔡英文發現，而要加以鏟除時，她會感受到原來劉老大是
最好的幫手，而不是敵人。

由歷史觀點來看，台灣從未獨立過，不是被殖民，就是被
割讓。當大陸混亂時，台灣是避秦之地，有世外桃源之
稱。不過當大陸強大時，台灣又必須向中原靠攏，避免成
為邊陲。

兩岸是分是合，或分分合合，要放在長遠的歷史中分析。
分合和統獨不同，兩岸一直都是統一的，分合再多，與統
獨無涉。

台灣和大陸一直都是一國，一直都是統一的關係。它和母
國分開，是因為母國戰敗而慘遭割讓。這是母國急待洗雪
的恥辱，也是大陸的歷史使命。但台灣不能忘記當年被割
讓的痛苦，成了拒絕回歸的小孩。

推動台獨，去中國化，就是剪斷母子間的紐帶，有違天

性，背叛歷史。就個人而言，五十年太長，就歷史而言，五十年太短。

蔡英文和習近平都必須正視此一事實，彌補所有的共業與缺失。非到最後關頭，中國人不可骨肉相殘，但又必須及時行動，避免時間愈長，雙方愈走愈遠。這是艱難的工作，但非完成不可。

全世界的所有人，都應該知道大陸和台灣的歷史和淵源，不可見縫插針，否則就是分裂「中國」這個國家，必須治以應得之罪。

反之，促成中國統一的有功人員，要給予獎勵，賜予榮典。這是兩岸領導人目前應該談，應該做的事。不容遲疑，更不可站在歷史錯誤的那一邊。

共產黨一脈相傳　習近平如何不負所託

為了出書而看了以前一些PO文，發覺自己真的準確。果然流行會變，但趨勢不會改。

股市收盤後，大家都會説嘴，但好的分析師，會準確地把多空理由，全部講在股市開盤之前，因此高下立判。

大家要當好的時事分析師，觀察兩岸的實際演變和自己的預測是否相符。小事不用管，影響不了大局，但大事不能含糊，尤其是一國兩國，是統是獨的研判錯不得，因為那是兩岸的趨勢，關係中華民族的興衰。

我為什麼敢和自己賭，而且賭很大，因為只有習近平加上馬英九都賭不過蔡英文，我才會輸。各位覺得可能嗎？萬一兩個知兵的男人，輸給一位未當過兵的女人，我也認了！

鄧小平生前告訴柴契爾夫人，香港必須在九七年回歸，否則提前收回，因為大陸雖然窮了一些，也需要時間發展，

但是中國有不怕死不怕打仗的人民解放軍，也發展了核子彈，大家不妨試一試。

矮鄧笑容可掬，身高不是問題，他因此成了政治巨人，雖然曾經在文革中遭難。

柴契爾夫人則當場聽得臉上三條線，雖然挾著福克蘭群島的勝戰餘威，且有鐵娘子的稱號，卻在人民大會堂前差點摔倒。

鴉片戰爭的戰勝國向戰敗國屈膝，習近平得以到倫敦揚眉吐氣，這一趨勢還不明顯嗎？這難道都是習大大一人的功勞嗎？不要說明眼人看得清楚，就是瞎了眼也心中有數。

經過江澤民和胡錦濤時代的努力，其中當然有軍人跋扈並大做生意，也有太子黨和團派之爭，但都順利解決了。不像外界帶著仇恨的報導，什麼中國即將分裂，正面臨美日領導的威脅，一不小心就會在內憂和外患中崩潰。

我的看法正好相反，一些我認定的問題，中共並不諱言，並且提出抬面，尋求解決之道。有些中共中央已經找到了方法，正向下級宣導。有些還沒找到答案，但積極徵詢專家，並進行實驗。把以前那一套搬到現在來批評中國共產黨，根本就弄錯了方向！

我才不怕有人把我抹紅，說我比共產黨還共產黨。我當然不是共產黨，那要資格和申請的。但就算我在台灣成立了共產黨，和大陸的共產黨隔海唱和又如何？有觸犯目前刑法上的內亂或外患罪嗎？

電視上那些不肖的名嘴政客們，用老思想看新政局，用西方標準觀察東方世界，甚至錯看了蔡英文、習近平、馬英九等三位領導人，他們真的可以休矣！

去談八卦吧，去說靈異吧，去趕時髦追流行吧！趨勢就擺在眼前，劉老大已經提供了解答，這些人居然視而不見，反而要靠自己慢慢轉彎下台，真是媒體圈和台灣人的恥

辱，像極了揚名國際的詐騙集團。

詐騙集團必須設法關進牢裡，並沒收其不法所得才行，否則哪裡是什麼法治的社會。

我當然有方法對付這些不肖的名嘴政客，因為我就是資深媒體人，能不知道嗎？「寶寶心中有數，但寶寶現在不說。」為了避免他們事先防範，攻敵不備才是最佳策略！

國台辦還有存在價值嗎？

今天大陸國台辦舉行了例行記者會，回答記者提問，但有答和沒答一樣。原來國台辦學蔡英文，也是空心的。

國台辦說，蔡英文沒有承認九二共識，考題只答了一半，這可不行！九二共識太重要了，是必答題，繞不過去的。

好個空心的中共國台辦！什麼叫必答題？如果蔡英文不答不甩，繞了過去，國台辦將如何處理？

國台辦的記者會，全世界都在關注。中共是今之大國，兩岸關係牽動華人神經，有必要把話說清楚。

我以資深媒體人身分，問以下幾個簡答題：如果蔡英文不答九二共識，給她幾分？從零到一百，隨便給。及格還是不及格？她總統就職講話過關了沒？是過了頭或過了身？是頭身都過，還是頭身都沒過？

顯然你們是認為她過了頭，但身子沒過，才會說考卷答了

一半。請問蔡英文能補考嗎？補考的期間是一個月或一年？如果她不參加補考有什麼後果？

綠色媒體和台獨分子說得好，蔡英文為什麼要答中共出的考題？九二共識是什麼東西？台灣和大陸又是什麼關係？

他們認為當個堂堂正正的台灣人不行嗎？為什麼台灣人又要稱為中國人？大陸人難道瞎了眼，民意已經清楚地說明了拒絕今後兩岸統一，為什麼還要一再地嚇唬台灣人？

毛澤東曾經嘲笑美國是紙老虎，在國台辦今天的宣示裡，難道現在的中共也是？

國台辦應該呈報黨中央，今後不要再說什麼地動山搖了。你們說了好幾年，寫進共產黨十八大的文件，全在騙人。

紙老虎就是紙老虎，站在台灣的立場，我希望你們不要變成真老虎，因為真的老虎會咬人。

不要只有王毅在當國台辦主任時，偷偷約台灣名嘴胡忠信去遊西湖，請教兩岸的局勢。也不要常有人打電話，給曾經在北大光華管理學院就讀過的周玉蔻，分析選舉情勢。

國台辦未曾公開否認這對男女名嘴在電視上的說法，形同替他們背書，以致兩人自稱為兩岸權威，在台灣不可一世。

劉老大公開提問，質疑國台辦的記者會。你們可以不答，讓我知道在國台辦眼裡，我不如其他記者，更不如胡周兩人。此後大家兵戎相見！

蔡英文做了選擇　習近平如何回應

對中共國台辦不得不說重話，因為就績效而言，他們是無能的，就地位來說他們是軟弱的，他們永遠只會聽其言而觀其行，把九二共識、防止台獨當口號唸。

接下來呢？國民黨政府被罵傾中賣台下來了，換上仇中反共的民進黨政府，國台辦居然不知如何因應，只會用嘴巴喊口號，這種單位乾脆裁撤算了。

沒有九二共識，沒有一國兩制，大陸就不需要有國台辦和海協會，台灣就不需要有陸委會和海基會。請問，當大陸裁掉國台辦時，台灣的陸委會要找誰對口？留著以民間法人名義存在的海基、海協兩會，有何意義？

如果只是一國一制，大陸根本不要設國台辦和海協會。大陸公安機關，本來就有港澳台辦公室的常設單位，如果正常發揮應有功能，足以處理三地民眾的各種問題。因此國台辦和海協會，其實是任務型的臨時編組，存在這麼久，本來就是以紫奪朱，惑人耳目。

再説去年底既然在新加坡完成了世紀性的馬習會，兩岸最高層級的領導人見面，達成九二共識官方確認，留著第二手官方的陸委會和國台辦，及白手套的海基會、海協會，更無意義可言。這些單位存在的唯一價值，就是秉持雙方領導人意志，讓一個中國的九二共識，早日付諸實施，不是嗎？

為什麼説缺了九二共識，兩岸就缺了共同的政治基礎。會把九二共識當成一個中國的定海神針，其道理在此。

我曾希望蔡英文總統回到一中軌道，但理想終歸是理想，她在就職演説中，已經做了選擇。

她雖然沒有明説，但實際上已把美日當靠山，把民意當後盾，把台灣當戰場，把人民當棋子。

蔡英文選擇站在美日的一邊，站在大陸的對立面，立場十分清晰，哪有什麼考題只答一半？她不説，但在做，誰都看得見。

台獨和統一不同，一國和兩國互異。她是台灣人，不是中國人。我是台灣人，也是中國人。這夠清楚了吧？還需要蔡英文補考嗎？

身為民主制度選出的總統，蔡英文當然可以做她想做的事，這才符合她的風格。但她必須清楚告訴民眾，台灣的前途和風險，因為人民有遷徙的自由。連以前清朝割讓台灣給日本時，都預定了兩年期間，以供台灣民眾是留下或離開，而能自由做出選擇，何況是目前訊息隨傳隨到的網路世代？

國台辦和蔡英文都不能保持空心，因為話都已經講滿，到了該見輸贏的時刻。那個宣稱將讓台灣地動山搖的習近平是輸是贏？李克強、俞正聲和中共黨的十八大都曾為習近平背書，他們難道沒有責任？

至於劉老大，光棍得很，只要有人明確說，習近平輸了，贏的人叫蔡英文，我立刻退出公共論壇！

趕快關馬英九　趕快換蔡碧玉

我有更重要的事情要做，真的不願意出手，雖然知道有不少人在電視上胡說八道，卻希望大家都有飯吃而隱忍不發。

目前幾乎沒有人願意惹我，不管出於尊重或不屑，起碼都是內行人，知道多此一舉，且絕無好處。

我跑新聞不打高空，凡事必盡採訪責任。司法這一條線，是我的本行，目前還在線上的媒體人，比我資深，專業，又能跑出我所不知道的獨家者，請告訴我，一定登門謝罪。

為了馬英九是不是清廉，我不但接獲不少告密的內線，還私下採訪了一年多。他以清廉著稱，一旦本身有弊端，還需要其他人轟嗎？我先就把他罵死了，不勞他人插手。

馬英九是政治人物，挨罵是應該的，怕熱就不要進廚房，誰叫他要當總統！

我和馬英九認識，是他當法務部長的時候，一直維持君子之交。他從不認為欠我，我更不會向他關說。我為他生氣為他辯駁，是基於朋友之義，人情之常。他事先不會知道，事後可能有人會向他報告，但和我無關。

我和馬英九的磁場相差太遠，不會成為無所不談的對象，但這輩子一定會互相尊重。

馬英九下台前説，政治追殺已經開始，那是假的嗎？他不應該説嗎？

他在有總統豁免權時，幾乎天天被罵，沒有豁免權時，綠營許多人希望把他關起來。就我看來，許多無憑無據的指責，早已構成刑法的公然侮辱或加重誹謗罪，但他居然不採取行動。原因是總統必須尊重言論自由，不宜興訟。

馬英九告人是被逼的，是不得已的行為。結果法院經常把總統應有的尊嚴踩在腳下，造成目前這股不講法治只談自

由的歪風。

我對司法人員最大的不滿，是他們很多屈服於不肖名嘴政客的淫威之下，喪失了獨立審判的氣節。不但不能成為正義的最後防線，本身就是社會亂源的共犯和幫兇。

司法圈常遭誤解，因為媒體經常亂報。其實司法改革是國內最成功的，司法人員也是所有公務員水準最高的，不能由民調判讀。因為法律的專業，一般人民不懂，民調如何顯示誰是誰非？

例如，目前很多不肖的名嘴政客，為了趕流行，大肆批判台北地檢署檢察長蔡碧玉，還鼓動新的法務部長邱太三要趕快把她調走，予以冷凍。

都是一些外行人，都是一些眾口鑠金的是非客，他們真的懂什麼是他案，什麼是偵案嗎？知道什麼是重啟調查，什麼是內部簽結嗎？併案和分案的法律規定如何？這些都沒

有想像中簡單，那是一本書的題目，不懂卻裝懂的人，去看書吧！

我在跑高檢署時就認識蔡碧玉，知道她操守好，能力強。歷任高檢署檢察長都希望將她外派為地檢署檢察長，她卻薄檢察長而不為。

蔡碧玉沒有名利之心，經過多少人說破嘴，才把她派到板橋地檢署擔任檢察長。接手的大案就是連勝文槍擊案，害我從兄弟圈迅速獲得的真相，一直不敢說太多，也不敢和她連絡，怕外界亂研判，說一定是蔡碧玉偷偷告訴我。

蔡碧玉是那種馬英九一旦涉及貪污，一定會辦馬英九的人。說什麼她是馬英九排定安全下莊的椿腳，未免距離實情太遠。

邱太三部長，請你趕快把蔡碧玉換掉，我相信她如果不幹檢察長，日子會過得更好。我認為不用蔡碧玉是國家的損

失，和黨派好壞無關。你願意基於政治考量，把她冷凍，去討好那些綠營名嘴嗎？

台灣不停內耗，原因很多，有些外行人管內行事，有些以小人之心度君子之腹，有些計較私仇不管公敵，有些不知道政治和法律的分野。

台灣搞到目前這種地步，我為什麼要愛台灣？不要假愛台之名行害台之實，就一切萬幸了，不知大家以為如何？

大陸對台灣　不知如何出牌

大陸現在面臨難題。要用武力統一台灣，怕結下仇恨，傷害兩岸同胞感情。

不採武統，讓民間交流，因心靈契合而自然統一，怕兩岸會愈走愈遠，造成實質獨立，豈不讓民進黨借殼上市得逞，今後更難處理。

解放軍當然打得過國軍，問題是打下台灣之後，要如何統治？要不要台人治台？是採一國一制，還是一國兩制？不管一制或兩制，是否由台人治台，其管理團隊在哪裡？

類似的問題很多，對台政策輕重都很難拿捏。既不能骨肉相殘，又希望能和平統一，中間充滿矛盾。

中共在兩岸間布滿飛彈，有反分裂國家法支撐，卻不知應否對台用武。

動武的時間表如何訂定？要軍演還是要奇襲？要演一場

單純的軍演戲，或化演為戰「賭演習」？雖然研判美日不敢介入台海事務，萬一他們共同介入了呢？解放軍打得過美日聯軍嗎？

習近平有太多的選擇，太多的考慮，以致如何下手成了問題。就像到了百貨公司，陳列架上琳瑯滿目，反而不知該買什麼東西。還不如到小商店，架上只有一樣，直接就拿回家！

選擇太多，會讓人不知從何選起。一手好牌不知打哪一張，還不如一手爛牌，只能打那一張。

蔡英文和美日都看出了習近平的難處，因而他們對習大大的要求，都不加以挑釁。民進黨希望能形成台灣共識，一致對外，突顯弱國的委屈和強國的無理。以柔克剛成為今後的主軸，能拖多久就拖多久。

時間到底站在哪一邊？民心究竟會怎麼變？地要如何

動？山會怎麼搖？我將自己當成時事分析師，因而自己和自己賭，並提前封筆，避免影響時局。

其實我對局勢早有定見，卻不會被自己困住，這簡單嗎？不肖的名嘴政客有這種本事嗎？看著他們最近的轉彎，我又痛罵中共，好像變了一個人，把他們搞得七葷八素，真是過癮。

不能再問了，因為寶寶不說。
不用按讚了，因為寶寶不回。
我沒變，還是那個一仍舊貫的劉老大，大家放心。

不讓馬英九赴港演講是政治考量

我沒查資料或翻條文,只匆匆説些感想。

如果馬英九卸任後,現在的民進黨政府要禁止他出國演講,請便!只要找到禁止他出去的理由,不論是政治的,或法律的,歡迎把他禁足。最好是將他關起來,那不是一了百了,更有新聞性嗎?

別忘了被司法限制住居的卸任中央研究院院長翁啟惠,都可以改變司法強制處分,而到美國發表演説了,何況是無事一身輕的馬英九!

綠營還是太多人把注意力關注在馬英九身上。可見當過總統的人,確實夠分量。

不管是曾經跛腳的總統,或曾經被關的總統,都叫前總統,馬英九是,陳水扁也是。前總統永遠是現任總統必須處理的首要問題,否則引起的不只是法律事件,而是政治加上法律事件。蔡英文總統難道不明白嗎?

我認為馬英九前總統會如願到香港發表演講，而且必然大受歡迎。不信者就請隨便了！劉老大已把打賭的習慣戒了，因為現在信者太多，而不信者太少。

現任總統先要應付卸任總統

前天才說兩位前總統的問題，永遠是現任總統首先應該解決的對象，如今果然馬英九和陳水扁都給蔡英文造成困擾。

如果聽那些不肖名嘴政客的建議，蔡英文根本無所適從，還不如乾脆聽我的，既簡單又容易。

別以為我有關法律與政治的文章是白寫的，其中含有深意，自己去體會吧！

我主張給陳水扁特赦，他的案件是否確定，不是問題。刑事被告只要承認檢察官所指控的犯罪事實，願意承擔敗訴責任，並且不提出上訴審救濟程序，案件不就確定了嗎？案件一經確定，依法特赦有何難處？

陳水扁怕的是被關，不是怕案件有些已經停審。只要知道一定會被特赦，要讓所有案件重新審判並予以確定，根本是指顧間事。刑案的特赦很困難，但要確定很簡單，懂了吧！

不能只放陳水扁，必須進行全國性減刑，澤被所有受刑人，這是我以前文章的內容，未曾改變，可供查證。

我更認為，必須讓馬英九到香港演講，才是蔡英文總統的高度，怎麼能把卸任總統，當成會出國洩密的嫌犯加以提防呢？什麼時候無罪推定的原則從法律中消失了？我當然還有太多的理由，現在沒時間，也不想說，蔡英文自己想吧！

我想告訴王時齊，在電視上少說一些。她的先生是劉建忻，新科的總統府副秘書長，小英的核心幕僚之一，夫妻之間無話不談。王名嘴時齊的說法代表了劉副秘書長的意見，或蔡總統內心的意志？她能講得清楚並取信於人嗎？當年高唱黨政軍應退出媒體時，王時齊妳怎麼說？蔡總統妳又怎麼想？

今天只簡單說了我的結論，幫三位總統們解套，聽不聽是蔡英文的事，轟不轟就看劉老大是否高興了。

不可只特赦陳水扁一個人

我以前在電視上公開反對扁嫂吳淑珍入監執行，因為她生病是真的，不能自理生活，有法定原因由監獄拒收，國家也不應把醫療資源投放在她一人身上，並派員照料她的起居。

我和陳致中當年的律師很熟，知道認罪協商是避免陳致中被聲押的手段，雖然對扁珍案情不利，但卻是逃過牢獄之災的唯一辦法，陳致中照做了。

扁案我有太多獨家，在李艷秋和陳文茜的節目上，她們公開送我花，表示對我辛勞的肯定。要讓這兩個女人先後送花，一般媒體人就等下輩子吧！

陳水扁一直希望法律案件，政治解決。我一直主張關他，知道他裝病，也知道一旦保外就醫出監後，他不會再入監了。要談監所和保外就醫，那是很長的故事，以後有機會再說。

我反對陳水扁以保外就醫之名，在假釋尚未到期時，提前出獄。並研判馬英九不會特赦他，他為了避免再度入監，正無所不用其極。

蔡英文總統一定會赦免陳水扁，她擋不住他的攻勢。我認為陳水扁不敢參加她的就職典禮和國宴，但以後陳水扁一定會贏，既然結果已經顯現，還不如想辦法赦免他，一了百了。

換人執政，就有不同的作法，我一一看在眼裡，清楚得很。

今天就看陳水扁、陳致中父子表演了。蔡英文政府能配合就配合，我不願說破。還是老話一句，不能獨厚陳水扁一人，必須雨露均霑，否則大家看著辦。其他不肖的政客名嘴們都敢綁架小英政府了，我有什麼不敢的！

習近平如何對付台獨　世界都在看

我用日記式，寫下我的感想。

楊偉中應該離開洪秀柱當主席的國民黨，而不是只辭國民黨發言人了事。

黨是政治理念相同者的結合，合則來，不合則去，不能由黨看著辦，尤其是主席和黨員政治理念不同時，當然是黨員自己離開，否則就是不走的黨員賴皮。

王時齊要當名嘴，就不能當民進黨的傳聲筒，尤其不能變成蔡英文總統或劉建忻副秘書長的代言人，否則有違媒體人的風骨和公信力。

陳水扁前總統可以在改朝換代後，由高雄到台北，變相參加募款餐會，挑戰法務部保外就醫的紅線，並以特赦向蔡英文施壓，其他受刑人當然可以比照辦理，但必須要有足夠的政治能量才行。

馬英九前總統如果不能到香港演講，除了自行檢討政治能

量太差之外，洪秀柱的國民黨和習近平的共產黨更必須檢討。因為只有在國民黨和共產黨都拋棄了馬英九之後，蔡英文才會做出禁足馬英九的決定。

已經有綠營人士在罵蔡英文軟弱，林全轉彎，邱太三無能了。當然有人會護衛他們，但分歧的聲浪會愈來愈大。就像台北市長柯文哲，連當初幫他衝民調的姚立明，都揚言會修理他。網路世代之無情無義，令人心寒。

香港是一國兩制的樣板，許多人認為大陸管香港是在做給台灣看。我則認為習近平時代正好相反，大陸如何對付台灣，香港正在看。香港的民主化浪潮和港獨主張，很多都學自台灣。

當大陸對付不了台灣時，其實正對香港起鼓勵作用，接下來是新疆和西藏。

毛澤東的三反五反和文化大革命，鄧小平的六四天安門事件，習近平不但本身受害，還從中成長。

如今他卻在海外被稱為習皇帝，在國內則護之唯恐不及。
他是呆子嗎？他不知情嗎？當然不是。他只是有難言之
隱！

習近平可硬可軟，硬的更硬，軟的更軟。他和中國共產黨
都說過地動山搖的，全世界都在等候答案。

要站在不良媒體人的對立面

我瞧不起那些不肖的名嘴政客，是因為他們實際促成了台灣目前的沉淪，卻又以台灣的救世主面目出現。

除了名利之外，這些人有什麼正義和理想？他們真的不分藍綠，因為有奶便是娘。和權力者站在一起的東西，怎配稱為媒體人？

我原則上不點名，不是不知道，也不是怕被告，而是給大家留一條路走，賞各位一碗飯吃。憑我的記憶和文筆，大家都是一本書的男女主角，信不信由你。

胡忠信和周玉蔻這對男女是一定要提到名的，否則就沒有公道，其他人能免則免。他們是不良的示範樣本，大家要早日劃清界線，以策安全。

以前說林全有多好，邱太三有多行，目前卻反唇相譏者，都是同一批人。對台北地檢署和特偵組，這些傢伙一樣角色錯亂。

趕快把蔡碧玉換了，儘速把特偵組撤掉，我不但贊成，還鼓掌相迎。不過萬一做不成呢？講點自行處罰的約定，譬如脫褲子繞國父紀念舘跑三圈，供大家「聞聞香」吧！

胡忠信記得他自己帶隊上街頭抗議，把謝文定拉下馬，換上陳聰明出任最高檢察署檢察總長的往事嗎？檢方人事胡忠信無役不與，他有什麼資格批判司法不公？

周玉蔻忘了她到特偵組胡說八道的偉大事蹟了？特偵組因她而查了多少人，費了多少時間，這些特偵組發布的新聞稿交代得清清楚楚，記者人手一本，全世界都知道她浪費了無數的司法資源，怎麼好意思說什麼司法改革？大談何謂偵查不公開？她公開宣稱在路上撿到柯文哲市府的機密文件，但政風處卻查出市府有人洩密給她，要不要重啟調查？

這對混帳的男女名嘴，只會欺負弱小，只會綁架官員，我白紙黑字寫在這裡，為什麼不敢告我或找我辯論？不要裝

不知道，我都透過專人傳話了，就繼續裝聾作啞，當作背景音樂吧！

你們一天不改善，我就一天不放過你們。就像前書說的，把你們緊緊抱住，絕不鬆手，直到海枯石爛，直到地老天荒！

法隨時轉則治　治與世宜則有功

千萬不能假設或推論，擔任過總統職務的人，會洩密或叛國，除非有確定的證物或依據才行。就像對法院或法官，必須先推斷他們懂法，足以處理所有法律問題，否則社會就會失序。

男人與生俱來，帶著性器官到處跑，他們是可能犯下強姦罪的嫌犯嗎？沒有無罪推定，就沒有司法人權。寧可縱放一千，不能誤殺一百。

現任總統和卸任總統可以理念不同，立場互異，但最終都要由現任者做出抉擇，負起政治責任。

李登輝說釣魚台屬於日本，陳水扁說他一生清白，馬英九自認無愧國家。他們要出國或出獄，蔡英文總統必須拿出主意。只有現任總統可以管卸任總統，其他人不行。

媒體可以反映事實，提出問題。但媒體不能介入政爭，自己成了問題。只有人民有權，政府有能，才能讓社會進步，國家發展。一旦發生媒體治國的亂象，必須立刻設法

導正，否則禍不旋踵。

網路世代，火星文盛行，處處暗語。知情者會心一笑，不知情者滿頭霧水。因此洩密、誹謗等罪的定義都必須改寫，才能趕上時代，匡正時局。法隨時轉則治，治與世宜則有功，韓非子之言誠不我欺。

不是有了選舉就叫改革，掌握選票者往往是庸才，他們阻塞了賢者之路。三個臭皮匠不可能真正勝過一個諸葛亮，再多腦殘者相加，還是腦殘。

先修身才能齊家，能治國者才能平天下。一室之不治何以天下國家為？舊東西隱藏著新意義，小故事包含了大道理。

權力制衡　必須分立　不能踩線

目前立法院即將通過的「不當黨產處置條例」，通不過司法院大法官會議的司法審查，國民黨應該打憲政官司，而不是在立法院阻擋。

我國目前採權力制衡原則，行政、立法、司法三院各有所司（當然還有考試和監察）。總統超乎五院之上，因此負責調停院與院間的齟齬。

台灣之亂，在於立法干預行政，行政干預司法，大家各忘所司，互踩紅線，以致權責不明，人才求去，實在可悲。立法院是多數決，掌握多數，無所不能；尊重少數，好聽而已。

但立法院的多數，不能擴權，不能自肥，不能越界，否則早晚會被民意否決。目前立法院由泛綠陣營掌控，國民黨是少數，動員只是表示態度，凝聚自己人的向心力，不能當成主戰場。

泛綠陣營所謂不當黨產，明顯針對國民黨而來，以法律形

式做政治追殺，因此必須求助司法，好好打憲政官司，來做是否違憲的審查。

要談不當黨產，就要顧慮時空背景和普遍原則。當或不當，其他黨是否一體適用，組織應設在哪裡，委員具何等資格，都是問題，都牽動院際間的諒解，不能由某人某黨說了算。

委員不能擁有超過司法人員的權限。監委權力不小，也不過擁有准司法權，具有黨產或廉政等名稱的委員們，何德何能，權力居然可以超越司法人員？

人民在檢察官和法官面前，都可以保持緘默，不自證己罪了，其他各種名目的委員們，憑什麼要民眾有問必答，不得說謊？憑什麼可以無票搜索，不得對之行使抵抗權？這算民主法治的國家嗎？

國民黨的黨產，是黨國不分時期延續下來的歷史共業。早期是資產，現在是負債。該如何改革，該由誰負責，國民

黨員比誰都急於了解真相，不勞其他惡意者操心多嘴。

我相信落敗的國民黨，需要外界的改革力量，但不希望有心人落井下石，趁機追殺。別假愛國民黨之名，或通過各種條例，來安插人員並擴大政治影響力，那經不起日後的檢驗。

台灣已經很亂，別再添亂了！

地動山搖說　要如何善了

大陸要台灣承認兩岸同屬一中，就必須正視台灣建國的台獨現象，設法弭平，易獨為統。如當年日本接收台灣後，予以有效統治。否則就應該承認失敗，任憑台灣自行離去，各自發展，不要再找任何藉口搪塞。

現在網路的熱門新聞，是有所謂公民記者，欺負隨蔣介石撤退來台的老兵，要他滾出台灣，回去大陸，不要再受台灣人供養。

這種言論和態度，在台灣少見嗎？保衛中華民國而在台灣晚景堪憐者，政府為他們做了什麼？

失去了信賴保護原則，公務員不會對政府有向心力。不肯照顧軍人的政府，不會有軍人願意付出生命來保家衛國。

國民黨和共產黨爭的是中國的代表權，都奉行一中原則。中華民國和中華人民共和國，其實是兩國，爭的卻是一國，因此必須消滅其中一國，才能達成目的。現在看來，

代表中國的是中華人民共和國，台灣只能是中國的屬地。

當民進黨化身為中華民國時，中華民國實際上就滅亡了。台灣必須由共產黨統一，才能完成歷史任務。

一國和兩國，統一和獨立，完全是矛盾的概念，中華人民共和國豈能裝聾作啞，視而不見？

抗美援朝時，毛澤東不怕美國。香港收回時，鄧小平不怕英國。今天大陸強國崛起了，習近平反而顧慮東顧慮西，每個人都像我一樣，了解習近平的心意嗎？

革命不是請客吃飯，地動山搖也不是目前這種作法。習近平下面多少智庫，多少學者，多少專家，他們豈能光吃飯不做事？

政治人物必須做出抉擇，習近平當然更不例外。什麼叫節點？現在就是節點！時勢創造英雄，只是順勢而為，英雄

必須創造時勢，化不可能為可能，在關鍵時刻，踢進臨門一腳，此後才能一帆風順。

連我都不怕被人染紅，而暢所欲言了，習近平本來就是太子黨，根正苗紅，還會顧慮被染紅嗎？他難道不該紅嗎？

台獨氣氛正在漫延，共產黨必須負起歷史應有的責任！

紅色力量左右藍綠之爭

才一天時間，身為資深媒體人，我有不少感觸。

自稱為公民記者的洪素珠，居然不見了。敢挑起族群仇恨，就要勇敢現身，說明她的理念。天下哪有躲起來的記者？

任何要當台獨烈士的人，應該團結把入侵者打出去，才能捍衛國土，怎麼可以將同志們切割，當成外人？

台灣民政府不是有部隊、重操演嗎？要不要由劉老大居間，大陸、台灣各派一千人，找個無人島，真刀真槍格鬥三天試試？生死各安天命，實況轉播我來安排。

女名嘴周玉蔻又哭了，談起她認識的老兵，「小公主」淚流滿面。她忘了同台的男名嘴胡忠信，最討厭別人評論時，摻雜個人情緒而嗚咽嗎？兩人究係套好了招，還是根本沒套，居然只有幫襯，不見攻擊。周玉蔻讓淚水自然流乾，既不楚楚動人，又顯得故意賣萌，資深女記者走到這一地步，也真難為她了。

綠營名嘴正為自己的轉彎而遮遮掩掩，為了提高正當性，只好打林全內閣，護總統府和立法院。誰叫林全內閣有太多國民黨的餘孽？

泛綠名嘴已經打趴了國民黨，平時就提倡和洪素珠內容差不多的兩國論，但因警覺性高不敢太惹共產黨和習近平。

劉老大是何許人也，早看出其中的恐懼和包裝，因此刻意把國民黨和共產黨做連結，非要以統一來對付獨立。民進黨不要想借中華民國的殼上市成功後，自認就此千秋萬載，一統江湖。

切割洪素珠，或她躲起來，中華民國或台灣社會，依然故我，了無新意。新聞吵了一陣過後，必須有變化，才能向前行。

兩岸變化有大氣候和小氣候之分，都隨著世局和習近平轉。有我在，泛綠陣營別想默默地做，因為我一定會把紅色力量，敲鑼打鼓地拉進來。

獨派執政　豈能禁止統派之聲

昨天電視上的《正晶限時批》，以跑馬燈拚命地打出字幕，告訴大眾，在前總統馬英九申請六月十五日前往香港演講的前四天，新政權的總統府已將此一申請駁回。

真是了不起的獨家新聞，請總統府務必告知大眾以下幾點：《正晶限時批》節目是怎麼知道此一獨家消息的，要不要查？是風向球，還是確有其事？

節目主持人彭文正和李晶玉是夫婦，彭文正曾在大學教新聞後跳槽，主持過現任總統蔡英文的就職國宴，和卸任總統陳水扁北上參與凱校募款餐會等活動，是有名的政治文化人，他們的消息不會錯，更不應該錯。

尤其來賓名嘴王時齊，她先生是現任總統府副秘書長劉建忻，夫婦都和蔡英文總統過從甚密，是心腹中的心腹，國安當局一舉一動，王時齊夫妻豈能不知？她認為蔡英文不會讓馬英九去香港，其他人還要懷疑嗎？

來賓還有周玉蔻、蔡玉真、鍾年晃、黃帝穎、李明賢等人。

除李明賢是藍營之外，其他人都是恨馬人士，都主張將馬禁足，馬到香港的前途，未卜可知。

尤其鍾年晃駁李明賢，國家機密法不採無罪推定原則，而採有罪推定原則，更是笑死我了。李明賢認識我，欲知其詳可私下來電，劉老大才不肯公開說明，把那些不懂的人全都教會。

我當然認為，蔡英文該合法地准馬英九到香港演講，這才是執政謙卑之旨，既避免政治對抗，又有助藍綠和諧，合乎總統的高度。

不過准駁之權全在小英方寸之間，沒有人能綁架她，雖然有人會不滿意，她仍需一肩負起全責，誰叫她要幹總統？

聰明難 糊塗難 聰明轉糊塗更難

我已經學會自我調適，不記恨他人。生命自有出處，存在自有道理。歷史有其軌跡，趨勢就在眼前。只是有人懂，有人不懂，如此而已。

鄭板橋說，聰明難，糊塗尤難，由聰明轉入糊塗更難。

蔡英文不肯讓馬英九到香港演講，本在意料之中，但我希望她讓他去，所以做了曲筆。就像我希望她能回到一中軌道，但她終於選擇和美日站在同一陣線一樣。

我對習近平和他領導的共產黨有什麼惡感？台灣人比我更了解大陸的進步，和應興應革事項的人不多了，我只是不說而已。

我因無所求無所懼，而不必卑躬屈膝。因朋友多為俠義之士，所以生活無虞。很少人有我的條件，他們常為世俗瑣事所苦，因此養成我為他人設想的習慣。

我寧願自己吃虧，不肯佔別人便宜，經常為情所困，成不

了真正君子，只能當個真的小人。

說這麼多，只是在告訴各位，我不是不知道如何讓台灣地動山搖，讓監所永無寧日，那太簡單了，而且具體可行。

去年中，我向朋友說，媒體必須我出面制衡才行。那些不肖的名嘴政客，既不敢告我，又不敢找我同台辯論，只敢氣在心裡，敢怒而不敢言，如今果然應驗。

這次真的要專心弄書了。巡走網路，監看電視，太花時間，不如閉關思索，更能上進，更有心得。

把板凳擺著，反正有的是空間。不准有任何怨言，因為新書出版後，我終將會回來！

文責自負　不能傷及無辜

我現在才知道，蔡正元轉貼我文章，為我揹了部分黑鍋。現在聲明，文責自負，沒有人有權幫我說話，或將我抹黑。

我是記者，監督紅綠藍三黨和不肖的名嘴政客。雖然暫時閉關寫書，但隨時可以依法出面踢館。

有種就直接說出劉益宏名字，批評我的說法，並接受我親自解釋。不敢就閉嘴，不要繞道，避開我而將責任推給別人，例如蔡正元。

中國國民黨必須清黨

看電視上胡忠信的發言，令人側目。他胡言亂語不是始自今天。

他剛才說，有事去拜訪一位企業大老，大老感激他一再放話支持前國民黨的發言人楊偉中。

我說過，胡忠信的朋友，就是劉老大的敵人。楊偉中目前成為我的敵人，只能算他倒楣。

胡忠信敢嗆國民黨主席洪秀柱，我比他強悍，能不嗆嗎？能輸給他嗎？

我要告訴洪秀柱，國民黨是革命政黨起家，有清黨的經驗，不能退到台灣後，放棄和大陸的連結。為了一時的選票，變成台灣國民黨，否則對不起國民黨的先烈先賢。

寧可永遠在野，也不能喪失黨紀黨魂。不可在不該退縮時退縮，否則與民進黨的騙票和轉彎行徑何異？

國民黨的百年老店，如果處理不了入黨不久的楊偉中，根本就該關門歇業。

妳曾因換柱所苦，去年國民黨中央是怎麼做的？去年的楊偉中正是發言人，他從頭到尾參與其中。去年的他和今年的他有何不同？他可以效忠朱立倫而不能效忠妳，這是因人而異，不是因政治理念相同，而與妳站在一起。

楊偉中既然是黨的公職人員，領黨的薪水，當然必須向黨和代表黨的主席效忠。

他可以規過於私室，不能誹黨於公堂。何況是上電視以國民黨前發言人名義出聲，陷敗選的黨於不義，並領取出席費，既惡意又過分。

楊偉中可以開除國民黨，但不能賴著不走，看黨怎麼辦。他正無所畏懼地等著看黨笑話，妳是黨主席，看不出來嗎？

現在妳就是黨中央，一個連前發言人都無法處理的黨，會鬧出多少笑話？折損多少形象？

有胡忠信、姚立明等人護著，楊偉中就可以不動如山或從輕發落了嗎？黨內黨外都在看，妳會怎麼做。

楊偉中必須迅速處理，不宜再拖！國民黨目前已經沒什麼好輸的。與其親痛仇快，還不如展現魄力，把黨紀、黨德、黨魂一起找回來，顯得比較痛快。

罵行政院長　就是罵總統

我一旦久不發稿，不少人就開始想念。在私人的電話中，他們希望聽聽劉老大的意見，就算見解不同也好。

我認為，罵行政院長林全，就是在罵總統蔡英文。自從李登輝取消行政院長的副署權和立法院對行政院長的同意權之後，行政院長雖然名為全國最高行政首長，實際上卻是總統的最高行政幕僚或執行長。

行政院長的去留由總統決定，沒有任期保障，重大政策要先向總統報告。他的成敗就是總統的成敗，兩個人是命運共同體，是無法分割的連體嬰。

行政院長必須為總統擋子彈。做得好，總統有識人之明；做不好，總統必須揮淚斬馬謖，負責將他換掉。

換行政院長，就必須重組內閣。任何行政院長尋找閣員，都有政治和專業考量。他既然實際負成敗責任，就應該小心翼翼。

基於同一理由，總統一定會去找心目中最出色的行政院長，兩人商量組成最堅強的團隊。內閣和閣揆，能不換就不換，一旦開始換，必然塑膠袋不如紙袋，紙袋不如布袋，一代不如一代。

現在很多人不想當官，既要到立法院備詢，又要應付媒體無厘頭詢問，而所謂民意都站在自己立場發言，很少聽專業解釋。

民主恃民意為依歸，但民意往往棄專業如敝屣。施政只能跑短線，保住小確幸，卻忽略從長線著眼，注意大格局。民主之可悲如此，也似乎走到了盡頭，必須設法突破。

目前有些談話性節目，已經在談下屆的縣市長選舉了，甚至有人談到了下任總統是誰。天啊，那還要談兩年到四年呢！難怪有人乾脆看漫畫或連續劇，對國家政務充耳不聞。

蔡林體制上任才滿一個月，民調已經開始探底，更不知伊於胡底。我又不是姚立明，不懂他的大數據和別有見地的推理，因此沒什麼興趣。

不過我知道林全是蔡英文目前所能找到的最佳行政院長人選。當她保不住林全時，她也保不了自己。

民進黨立院總召　不能為虎作倀

正告民進黨的立法院總召柯建銘，不要忽視我曾說過的，胡忠信的朋友，就是劉老大的敵人！

我公開出聲示警，因為我倆認識將近二十年，你知道我，我也知道你。大家要當朋友，就要把我的話當成逆耳忠言。

最近胡忠信經常在電視節目中談到你，說你不但幫他募款，幫他推法案，還透露了許多台北和北京之間的政壇秘辛。

我當然相信你而不相信胡忠信，他是那種睜眼說瞎話的貨色。不過因為他說你倆經常見面，又對你多所讚美，害我耳根不得清淨，只好要你離他遠一點。

王金平是最好的例子。因為胡忠信讚美他是公道伯，我只好翻出王金平三十年前的司法關說案，在《兩岸一本正經》的書上，記上一筆。希望你能翻到 67 頁看看，我知

道你有我的書。

你雖然沒有幹上立法院長，但當立院總召也不容易，不可因胡忠信而為虎作倀，成為他欺壓善良的工具。

我當然會顧慮你的政治立場，並體諒你的圓融性格。但胡忠信不行，遠離他對你有百利而無一害。

言盡於此，不要自誤！

只能搞工會　不能搞工運

讓我以親身經歷，告訴各位什麼是亂象，什麼叫解決問題，什麼是合格的領導，和令人懷念的領袖。

我當記者時，正值蔣經國的強人時代，余紀忠主掌了中時。當年不少人以為中時、聯合兩大報閥，是公營報紙，否則為什麼老闆是國民黨中常委，擁有令人側目的權威？

中時和聯合都是民營報社，雖然受惠於報禁，卻因自己爭氣而業務蒸蒸日上。大牌記者的薪資，都在部會首長之上。加上隨時老闆高興而偷塞入手的紅包，吸引各方人才競相投效。

兩大報除了進行挖角，還要避免人才被挖，加薪成了比賽。漏新聞的記者，恨不得自己去死，不找條獨家打回來，以後根本不必在媒體圈混。

除了後來鄭村棋等人，在時報搞了一陣工會，很快無疾而終之外，有聽說兩大報的勞資糾紛嗎？

鄭村棋等三人在時報短暫停留即離開。當年余先生曾經指示我，他知道工會時代已經來臨，時報會將工會納入體制，但在此之前，我必須盯緊鄭村棋等人。

余先生說，時報會妥善處理工會問題，但決不容許特定人，假工會之名行工運之實，否則他不惜壯士斷腕，玉石俱焚。

勞資必須同心努力，才能真正解決問題。可以搞工會，不能搞工運，這是余先生多年前指示我的警語。類似目前華航這種工運的搞法，沒有真正解決問題，反而使問題擴散，最後百病叢生。

我是勞方，卻有資方思考。十個老闆九個摳，否則為什麼他是資而你是勞？

但資方有資方的苦楚，勞方有勞方的好處。真有能力的人才，資方恨不得高薪納為己用。勞資談判，如果真要魚死

網破，還不如乾脆打掉重來。

就像日前我轉貼網路笑話所說的，這年頭大家都有病，誰真正怕誰？自從得了精神病之後，嘿～整個人精神多了！

要談司法改革 不能將北檢染色

下周二，也就是七月五日，法務部將召開檢審會，進行檢方的人事大調動。

就我所知，台北地檢署檢察長蔡碧玉，將被調走，誰會接她，她將被安排到哪裡，都已有腹案。其他細節，我了解卻不寫，因為牽涉不少朋友。

全國所有一審檢察長，只有台北地檢署檢察長人選異動，必須由法務部長向行政院院長口頭報告，獲得同意後才能進行，可見其地位之重要。

我不想向蔡碧玉求證，她被外界視為馬英九和羅瑩雪的人馬，卻在以前我到台北地檢署找她時，私下為新院長林全和新部長邱太三說好話。她認為他們都是勇於任事，具有專業能力的好人。

蔡碧玉希望我做壁上觀，不要幫她講話，以免引起誤會，以為是她拜託我出面說的，氣得我幾乎翻臉，拂袖而去。

好個蔡碧玉，她難道不知道，只要我想寫，誰說都沒用。司法圈的事，我從不問她，因為她從未告訴過我，我也不必問她。

我有法眼，自然有能力知道。她在北檢，對我而言，是阻力而不是助力。她知道我的道行，不是一般名嘴和媒體人能比，豈可相提並論？

胡忠信在電視上公開嗆邱太三，如果不將蔡碧玉換掉，就不叫司法改革，就要備妥辭呈，提頭來見。

胡忠信是什麼東西？一個見到我就跑就躲的貨色！我視他為偽記者，毫無知識分子的氣節。他只會拿報紙唸新聞，根本不知道新聞在哪裡。一手爛字還敢寫在報紙上公諸於眾，真是丟人現眼。

胡忠信不懂司法，不要自以為這次調動是他的功勞。他拉許多名人為自己背書，顯示了心虛和無知。

不過他仍是不良名嘴的代表，為了媒體自清，我將他視為敵人，因此要當他朋友者，就要有當我敵人的準備。此一諾言，永遠有效。

司法改革和人事調動，必須著眼於人民福祉，和社會進步。一旦我發覺新政府正在討好不肖的名嘴或政客，主其事者就要小心了。因為我雖疏懶，卻比他們更不好惹。

台灣誤射飛彈　蔡正元如何負責

資深女媒體人周玉蔻，真的仇視我的朋友蔡正元。她近年來，發言充滿情緒，又善於牽扯和表演，一有機會，就想把仇人拖下水。

一個出身記者的名嘴，什麼都敢講也就算了，這年頭懂得多不如講得多值錢。但在公共論壇上，喜怒形之於色，稍有不同意見，就看到她猛插話，這就太過分了。

她是真理嗎？她懂禮貌嗎？她知道事件來龍去脈嗎？真是沒教養的東西。難怪胡忠信以前常半夜給她打電話，叫她小公主而不名。果然物以類聚，果然垃圾成堆。

我最怕聽周玉蔻和胡忠信，倚老賣老，自賣自誇。偏偏這對男女是我設定的監看對象，只聽和他們同台者，左一句胡大哥，右一句蔻蔻姐，虛情假意地把兩人捧得暈暈然，既好氣又好笑。或許天將降大任於斯人，讓我不得不受此折磨，只好把吃苦當成吃補。

周玉蔻在評論雄風三號飛彈事件時，要求清查國民黨大黨

鞭蔡正元，怎麼可以那麼早就知道？誰洩密給他？蔡正元公開 PO 文，意欲為何？對台灣的民心和軍人的士氣，有什麼打擊？造成什麼不良的影響？

蔡正元不是記者出身，卻常獲得獨家新聞，評論之深入周詳，又在許多資深名嘴之上。有些人被他比了下去，視他如眼中釘、肉中刺，不但酸他罵他，還恨不得食其肉而寢其皮。

蔡正元雖然不怕，但雙拳敵四手，總有分不過身的時候。尤其這次周玉蔻趁機要求民進黨政府徹查蔡正元，難道不是假公濟私？難道算另一種正義的轉型？

周玉蔻別忘了她曾是洩密案的嫌犯，是浪費司法資源最多者之一，怎麼還有臉指控別人？

我認為，有錢就能美容，不過變臉之後，還需要變心，才能內外皆美。變心要靠多讀書少說話，現代醫學只能救外表，不能救心靈。周小公主，妳懂了嗎？

兩岸一本正經(2)
歷史會給答案

Z000113

作者｜劉益宏

主編｜劉悅姒

美編｜徐蕙蕙

校對｜劉悅姒

出版者｜劉益宏

印刷｜盈昌印刷公司

經銷商｜時報文化出版企業有限公司

地址｜桃園市龜山區萬壽路二段 351 號

電話｜(02) 2306-6842

傳真｜(02) 2304-9301

初版一刷｜2016 年（民 105）7 月

定價｜350 元

ISBN 978-957-43-3716-3

國家圖書館出版品預行編目（CIP）資料

兩岸一本正經（2）：歷史會給答案 / 劉益宏著.
-- 初版 -- 臺北市：劉益宏出版：時報文化總經銷,
民105.07　面；　公分
ISBN 978-957-43-3716-3（平裝）
1. 兩岸關係　2. 時事評論　3. 文集
573.09　　　　　　　　　　　105012354